苏州市科协资助项目

中小学人工智能系列教材

Python 编程与人工智能启蒙

PYTHON BIANCHENG YU RENGONG ZHINENG QIMENG

主编　李直旭　刘　安

编者　何芙珍　陈　嘉　牛　雷
　　　金高铭　李　丹

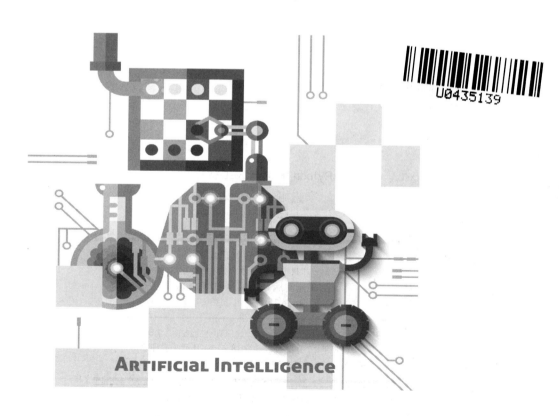

苏州大学出版社
Soochow University Press

图书在版编目(CIP)数据

Python 编程与人工智能启蒙 / 李直旭, 刘安主编. —苏州：苏州大学出版社, 2018.12
中小学人工智能系列教材
ISBN 978-7-5672-2628-9

Ⅰ. ①P… Ⅱ. ①李… ②刘… Ⅲ. ①软件工具－程序设计－中小学－教材 ②人工智能－中小学－教材 Ⅳ. ①G634.671

中国版本图书馆 CIP 数据核字(2018)第 283666 号

Python 编程与人工智能启蒙

李直旭　刘　安　主编

责任编辑　肖　荣

苏州大学出版社出版发行
(地址：苏州市十梓街1号　邮编：215006)
镇江文苑制版印刷有限责任公司印装
(地址：镇江市黄山南路18号润州花园6-1号　邮编：212000)

开本 889 mm×1 194 mm　1/16　印张 12.25　字数 276 千
2018 年 12 月第 1 版　2018 年 12 月第 1 次印刷
ISBN 978-7-5672-2628-9　定价：32.00 元

苏州大学版图书若有印装错误，本社负责调换
苏州大学出版社营销部　电话：0512-67481020
苏州大学出版社网址　http：//www.sudapress.com

编者的话

各位家长，孩子们，你们好！
信息科技的飞速发展，正在快速改变和改善着我们的生活。
大数据、物联网、云计算、人工智能、深度学习、区块链……
信息技术的革新日新月异、层出不穷。
生活在这样的一个时代，
是一种幸福，但也危机四伏。

越来越酷炫的游戏，
让许多孩子沉迷其中，无法自拔。
手机不离手、偷钱充值、逃课晚归、通宵泡网吧……
耗费了青春，浪费了钱财，也毁坏了正在成长的身体。

然而，还是有一些孩子，
在家长的引导下，
早早接触了计算机和网络，
不仅没有沉迷游戏，
反而掌握了几门时兴的程序设计语言。
通过自己的双手，
编制出一个个属于他们自己的程序。

有的家长会担心：孩子学习编程（即程序设计）会不会耽误学校里的课程学习？其实家长大可不必这样担心。在国外，编程早已进入孩子们的世界了，如今，国外的孩子学习编程甚至比

学习政治、历史、地理、物理、化学、生物还要早，比如在英国，5岁以上的孩子就必须开始学习儿童编程了。

在比尔·盖茨、扎克伯格等科技界精英的呼吁下，"全民编程"已成为时下西方最流行的口号，包括美国前总统奥巴马、英国前首相卡梅伦、新加坡总理李显龙等各国政要，纷纷呼吁全国民众不分老幼，都该学习编程。

对于少年儿童来说，一方面，学习编程确实好处多多。"知乎"上的果果老师就曾经分享过一篇帖子，归纳列举了少儿编程的十大好处（https://www.zhihu.com/question/63324624）。另一方面，随着时代的变迁，考试科目也在不断变革，编程正逐渐走入我们的视线，预计在不久的将来，编程教育将逐步发展成互联网的基础教育。也许等现在的孩子参加高考的时候，机器人编程可能已经成为必考科目，而我们要像补习文化课一样补习编程知识。以下一组数据可以作为佐证（以下数据和信息全部摘录自：http://www.sohu.com/a/199413097_99925693）：

- 1984年，邓小平在上海视察时就发出了"计算机普及要从娃娃抓起"的号召。
- 2014年，英国教育部将编程纳入5～16岁中小学生必修科目。
- 2015年，美国报考AP编程课程的中学生人数急剧增长。
- 2016年，美国政府宣布投资40亿美元开展编程教育，鼓励孩子学习编程。
- 2016年，爱沙尼亚开始为7～19岁的学生提供编程教育课程。
- 2016年，芬兰为秋季新入学儿童提供计算机编程教育。
- 2017年，新加坡在中小学考试中加入编程考试。
- 2017年，浙江省新高考方案出台，信息技术纳入高考科目，编程成为重要内容。

随着各省新的高考方案出台，我们发现浙江省已将信息技术纳入高考的选考科目中，而编程内容正是信息技术里面最重要的一部分。浙江省的这一举措仅仅是个开始，相信今后越来越多的省份将会把信息技术纳入高考科目中。

因此，让孩子从小学习编程势在必行！

虽然市面上已经有一些与少儿编程相关的书籍，但这些书籍或选用的编程语言复杂度高，难以掌握；或内容过于简单浅显，不能很好地引导孩子走进编程世界的大门。

在调研了国内外数十本与儿童编程教育相关的书籍之后，本书的编者团队编著了这本少儿编程教材。总体来说，本书的主要特色有以下几点：

- **优选语言**　Python语言是非常适合作为编程入门学习的语言。它比C语言和Java更容易掌握，但是功能丝毫不逊色。目前Python也是人工智能领域最热门、最常用的语言之一。

- **难易适中**　本书充分考虑到孩子们的接受能力，讲解尽量通俗易懂。孩子们只要肯认真学习，就一定可以初步掌握好这门语言，并领略编程之美。

- **生动有趣**　书中的讲解以老师对孩子的口吻贯穿，相关的例子和习题也尽量贴近孩子们的日常学习和生活，还配以大量的插图加以调节，力求让孩子们在学习时不感到乏味。

- **由浅入深**　本书主要分三个部分：入门篇通过一款叫CodeMonkey的软件来使孩子们初步建立对编程的感性认识；基础篇详细介绍Python语言的基本语法和使用方法；高阶篇则是在孩子们初步掌握Python语言的基础上，介绍一些Python中的高阶内容，还以通俗易懂、生动有趣的方式给孩子们介绍一些时兴的信息技术，如人工智能、机器学习、深度学习和大数据技术等。最后还有一些项目实战的篇章，提供给学有余力的孩子们更多的编程实战演练。

- **一书多用**　本书不仅可用于有能力的家长在家亲自指导孩子自学编程，也可以作为相关的培训机构进行儿童编程培训的教材，还可以作为有相关基础和学有余力的孩子拓展编程的高阶知识并进行实战演练的指导用书。

- **丰富资源**　本书涉及的所有习题和例题,以及相关源代码都放在我们的网站上,供家长和孩子们自行下载和参考使用。

主编简介

李直旭，澳大利亚昆士兰大学计算机专业博士，沙特阿拉伯阿卜杜拉国王科技大学博士后，苏州大学计算机学院副教授，大数据和人工智能领域专家，中国人工智能学会智能服务计算专业委员会委员，中国计算机学会数据库专委会委员，曾获江苏省"双创"博士和苏州市紧缺高层次人才等荣誉称号。李老师有着丰富的计算机教学经历和人工智能科研与实践经验，曾在大数据和人工智能领域的国际顶级期刊和知名国际会议上累计发表论文60余篇，主持过多项国家及省市级科研基金研究项目。其指导过的毕业生遍布于微软、华为、科大讯飞、阿里、腾讯和携程等各大知名IT企业。

刘安，中国科学技术大学计算机专业博士，沙特阿拉伯阿卜杜拉国王科技大学博士后研究员，香港城市大学高级副研究员，苏州大学计算机学院副教授，中国人工智能学会智能服务计算专业委员会委员，苏州市紧缺高层次人才，苏州市青少年智能教育专业委员会专业顾问。博士毕业以来一直从事计算思维的研究和推广工作，其指导的研究生和本科生在海内外各类学术活动和竞赛中多次获奖，毕业后就职于微软、百度、腾讯、阿里等各大知名IT企业。

目 录

入门篇：CodeMonkey

第1章　什么是编程　2

第2章　CodeMonkey　5

进阶篇：Python基础

第3章　认识Python　14

 3.1　Python能让你做什么　14

 3.2　安装Python　16

 3.3　给点指令吧　17

第4章　数据和变量　25

 4.1　数字的运算　25

 4.2　输入和输出　29

 4.3　内存与变量　29

 4.4　数据类型　33

 4.5　类型转换　36

第5章　判　断　42

 5.1　满足条件才放行　43

5.2 用于比较的操作符 45

5.3 有多个限制条件怎么办 48

第6章 循 环 52

6.1 计数循环 53

6.2 range( )是个好帮手 55

6.3 while循环 59

6.4 晕了？跳出来（break/continue） 61

6.5 嵌套循环 63

第7章 列表与字典 67

7.1 列表的定义 67

7.2 对列表进行操作 68

7.3 双重列表 77

7.4 字典 80

第8章 函 数 85

8.1 函数的定义 85

8.2 函数的调用 87

8.3 参数的传递 90

8.4 变量的命名与作用域问题 91

第9章 面向对象与模块化原则 95

9.1 对象的构成 95

9.2	创建对象	96
9.3	继承与多态	100
9.4	模块的创建和使用	105

第10章 初探动画世界　109

10.1	认识Pygame	109
10.2	理解事件	113
10.3	显示模式	117
10.4	字体模块	118
10.5	色彩的威力	120
10.6	surface对象	124
10.7	绘制图形	128

第11章 再探Pygame　133

11.1	帧率	133
11.2	声音的原理	138
11.3	如何使用声音	140
11.4	音乐播放	142

第12章 玩游戏吧！　145

12.1	坦克大战	145
12.2	战斗机	146

高阶篇：实战演练

第13章　Python与人工智能　150

- 13.1　人工智能漫谈　151
- 13.2　人工智能与认知科技　162
- 13.3　Python语言
  ——人工智能时代的头牌语言　166

第14章　人工智能Python开发项目实战　168

- 14.1　最聪明的围棋选手——AlphaGo　169
- 14.2　聊天机器人——ChatterBot　175

入门篇
CodeMonkey

第1章 什么是编程

在介绍编程之前,我们先观察下面的图片,猜猜他们在干什么?

是的,他们在玩电脑!但这不是普通的玩电脑,而是在用电脑进行编程。

编程(programming),顾名思义,就是编写程序,将需要解决的问题的思路和方法通过计算机能理解的语言告诉计算机,使得计算机能够根据人的指令一步一步地去工作,最终帮助我们解决问题,这种人与计算机之间的交流就是通过编程实现的。编程作为人类和计算机对话的一种方式,和我们日常的语言沟通——中文/英文等有着相似的特点,那就是越早接触越好,这样才能更好地掌握并为学习其他编程语言打下基础。现在越来越多的幼儿园和小学推行双语和编程教育就是这个道理。

我们的日常生活中早已充满了各种程序:手机里的游戏、扫地机器人、电话智能手表等,都是通过编程实现的。不知道大家有没有听过阿尔法狗,它是第一个击败人类职业围棋选手、第一个战胜围棋世界冠军的人工智能程序,它就是由一个又一个程序构成的。

编程语言有很多种，但是最终都会在计算机上转换成无数的0和1的组合，就像所有的英文单词都是由26个英文字母组成的一样，计算机就是通过识别这些0和1的组合来完成特定的任务。

最后借用苹果公司创始人乔布斯的话：我觉得每一个人都应该学习如何编程，因为编程能教会你如何思考。

"Everybody in this country should learn how to program a computer... because it teaches you how to think."
—Steve Jobs

第 2 章　CodeMonkey

2.1　CodeMonkey背景介绍

　　CodeMonkey是一款由以色列人发明的在线游戏。以色列非常重视科技教育，世界上大约五分之一的诺贝尔奖获得者就来自该国，其国内的工程师和获得博士学位的人占全国人口的比例是世界最高的。CodeMonkey在以色列得到了教育部的大力支持，用户群庞大。

　　在这款游戏中，我们要在猴博士的指导下发挥自己的聪明才智，帮助可爱的小猴子夺回他最爱的食物——香蕉。CodeMonkey操作简单，容易学习，通过简单的CoffeeScript编程语言（JavaScript语言的简易版本）编写代码运行，便可

以在屏幕上看到小猴子按照我们的指令活动。在CodeMonkey中学到的知识，可以作为学习JavaScript、Python等语言的基础，也可以运用于真正的开发平台上。

CodeMonkey的学习过程是闯关式的，每一关卡都是由开发人员精心设计的，小动画和新知识的介绍都很有趣，背景音乐听起来令人愉悦，每一关卡的跨度和难度都不大，现学现用，循序渐进，学习者很容易就掌握了。编写代码的界面都有辅助的单词按钮帮助键入代码，无须每次都输入，只要专注地思考如何帮助小猴子走位并拿到香蕉就好了。除此之外，还可以自己创建游戏关卡，邀请其他小伙伴来挑战。

由于这款游戏是在线的，所以无须下载，只要确保设备已经联网，然后打开相应的网站（playcodemonkey.com）注册登录即可。由于目前还不支持手机登录，所以大家最好使用计算机并且选择版本相对较新的浏览器访问网站。

2.2 CodeMonkey网站

进入网站后，会出现类似下图的游戏主界面，如果还没有账号，就点击右上方的"SIGN UP"进行注册。注册页面（下页的第一幅图）有3个选项，选择其中一个用邮箱注册，登录（登录界面如下页第二幅图）后便可免费体验30天。目前前30关卡是免费挑战的，大家可以先试着玩一下。

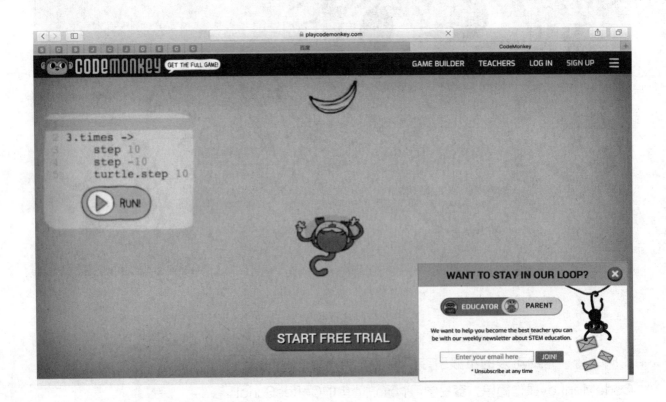

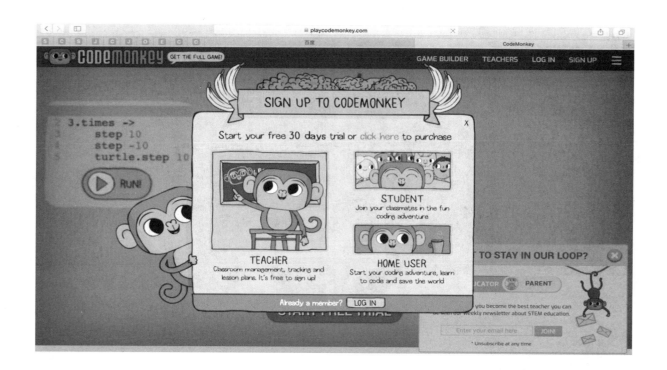

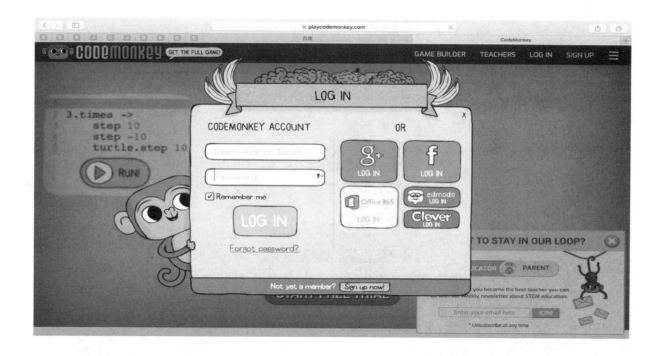

登录之后，如果想锻炼一下自己的英语能力，就可以直接进入编程之旅了。当然如果一开始还不太习惯，也可以先将语言设置为中文，之后再切换为英文或者其他语言。如后图，点击右上角三条横线的图标，点击最上方的"LANGUAGE"选项，便可找到自己想设置的语言，点击"SET LANGUAGE"选项后，游戏的语言就变成你想要的了。

一切准备就绪后,先通过一个简单的小动画来了解一下我们的主人公小猴子,然后便进入游戏的第0关卡。没错,就是第0关卡,计算机里面的计数都是从0开始的。点击"OK"后,界面如下图所示,再点击"RUN!"就可以看到小猴子奔向香蕉了。之后猴博士会对小猴子进行点评，如果没有获得满分三颗星，我们会收到猴博士给出的提示，然后可以选择"重新开始"，对代码进行优化。在这个过程中，我们会逐渐养成优化代码、写出整洁代码的好习惯！这种思维习惯不仅在编程中很重要，而且在我们的日常生活和学习中也有着举足轻重的作用。

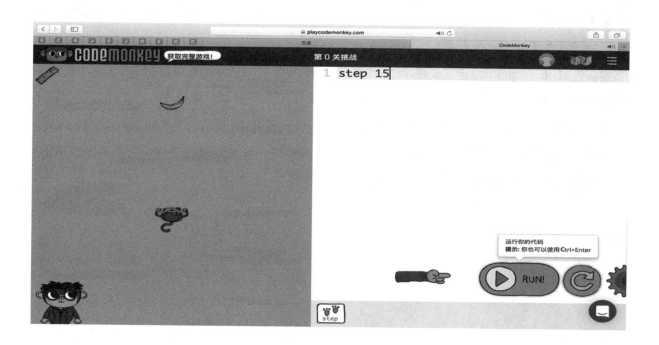

目前CodeMonkey的故事模式一共有200关，涵盖了计算机领域的大部分概念，比如我们接下来要学的语句、变量、循环、函数等。第1关卡中，我们只需要修改猴子的步数，即将step 10中的数字10改为15，就可以让猴子顺利吃到香蕉了。这个和我们下面要学习的print操作类似，如果你想在计算机中输出10，只要在窗口内写上"print 10"；如果想输出15，只要把10改成15就好了。游戏中还提供了尺子，用来测量距离和角度，通过这些操作，我们会对距离和角度的理解更加深入。第3关卡中，除了测量距离外，我们还需要控制猴子前进的方向。后续的关卡中还会出现新知识，猴博士也会在适当的时候给予我们指导。比如，猴子如果需要多走10步，我们可以定义变量a=10，然后用step a的方式使小猴子前进10步，这个就是我们即将学习的Python中变量的用法。再比如，如果猴子要反复做一套动作，我们可以用循环来实现。如后图所示，第一行的3是指下面的两行代码会被重复执行3次：先turn left（左转），后step 15（前进15步）；然后再左转，前进15步；再左转，前进15步，这样小猴子便可以将3个香蕉全部拿到。大家仔细想一想，是不是这么回事呢？

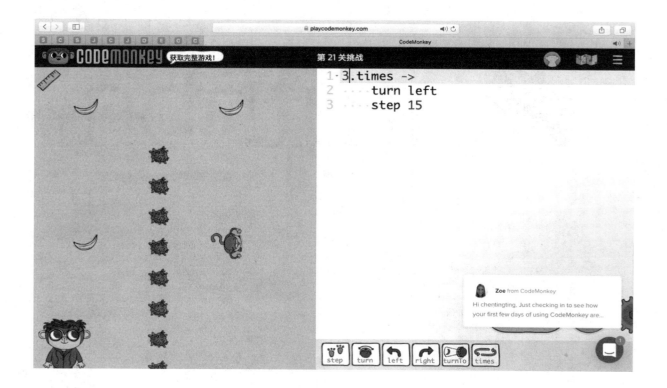

　　随着通关的进行，我们会积累越来越多的代码指令和编程思想。后面的关卡对我们的想象力提出了更高的要求，如借助乌龟过河，避开障碍物，以最少的代码吃到所有香蕉等。

　　CodeMonkey编程游戏凭借通关模式的设计，让孩子们获得成就感，这种成就感会让孩子们觉得编程是一件令人开心的事情，并为接下来学习新的编程语言打下牢固的基础。

进阶篇
Python 基础

第 3 章 认识 Python

3.1 Python能让你做什么

通过前两章的学习，我们已经对编程有了大致的了解。接下来，我们将不再满足于CodeMonkey这样简单的编程，我们要开始学习一门编程语言，学完后，大家就可以设计编写属于自己的小游戏啦！是不是很心动呢！

下面我们就来认识一下Python。先看两张后面章节做出来的项目图片。

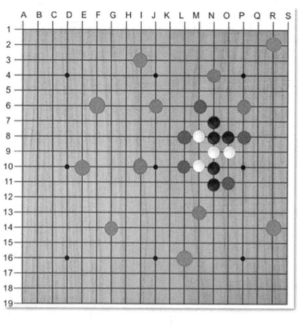

看到这些画面你有被吸引到吗？你会不会惊叹Python好强大啊！那么如此强大的语言是由怎样一个伟大的人创造的呢？希望你们能记住这个人——Guido von Rossum（荷兰人）。

Guido van Rossum（吉多·范罗苏姆）1982年获得阿姆斯特丹大学数学和计算机科学专业的硕士学位，并于同年加入一个多媒体组织CWI（Centrum voor Wiskunde en Informatica，国家数学和计算机科学研究院）做调研员。1989年，他创立了Python语言。那时，他还在荷兰的CWI。1991年初，他发布了Python第一个公开发行版。Guido原居荷兰，1995年移居到美国。在2003年初，Guido和他的家人一直居住在华盛顿州北弗吉尼亚的郊区，随后他们搬迁到硅谷，从2005年开始就职于Google公司。现在Guido在为Dropbox工作。Python是一种线上和线下的重要的编程语言，Python社区的人赋予其"仁慈大君"的称号，这一称号来自英国肥皂剧《Monty Python飞行马戏团》。Guido当初之所以选中Python作为语言的名字，是因为他太喜欢这部肥皂剧了。

（选自百度百科）

Python是一门崇尚优美、清晰、简单的优秀编程语言，也是一门被广泛使用的语言。在Python的开发过程中，社区（程序员之间进行资源分享、技术交流的专业网站）起到了重要的作用。Guido自认为不是全能型的程序员，所以他只负责制订框架。如果问题太复杂，他会选择绕过去，这些问题最终由社区中的其他人解决。社区中的人才是异常丰富的，就连创建网站、筹集基金这样与开发稍远的事情，也有人乐意处理。如今的Python项目开发越来越复杂，越来越庞大，合作以及开放的心态成为项目最终成功的关键。

　　因此，我们在学习Python的过程中也应当保持合作及开放的心态，以轻松的姿态去感受它的魅力吧！

3.2　安装Python

　　在用Python编程前需要先在计算机上安装Python。安装Python非常容易，本书提供的网站为你整理好了学习过程中可能需要的大部分资料，当然，安装程序也在其中，根据你的计算机操作系统就可以找到相应版本的安装程序。

　　这里分别提供了面向Windows、Mac OS X和Linux的版本。本书中的所有例子都是在Windows版本下编写并运行的，在Mac OS X和Linux中使用Python的方法是类似的，只需要按照网站上的说明安装适合你的系统的版本。

　　本书使用的Python版本是3.6.2版本。当你读到这本书时，很可能已经有了更新的Python版本。本书中所有的例子已经用Python 3.6.2测试过，它们很可能也可以用于更新的版本，但我们无法预知未来，因此不能完全保证示例都能在任何版本下正常运行。

3.3　给点指令吧

　　安装完成后，启动Python就可以开始编程啦！

　　在"Start"（开始）菜单中，可以看到"Python 3.6"下面的IDLE（Python GUI），点击该选项，即可打开IDLE窗口，如下图所示。

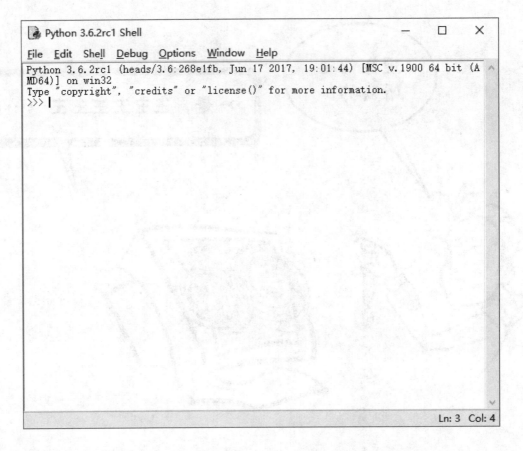

　　IDLE是一个Python Shell。Shell的意思就是"外壳"，它其实就是提供了一个途径，让用户可以键入文本来与程序进行交互，也就是说可以利用这个Shell与Python进行交互。IDLE本身是一个GUI，即图形用户界面（关于GUI我们会在后面的章节中详细讲解）。IDLE除了为用户提供交互功能外，还有其他一些特性，这些都会在后面阐述。

　　上图中的 >>> 是Python提示符，提示用户Python在等待你键入指令呢！

　　指令是什么？通俗地讲，指令就是告诉计算机执行某一特殊运算的代码。

　　下面，我们就开始和Python交流吧！先来下达第一条指令。

　　在 >>> 提示符末尾的光标后面键入：print ("Hello World!")。（注意哦，标点符号一定要是英文状态下的）

　　然后按下"Enter"（回车键），会得到这样一个响应：

　　>>> print("Hello World!")

　　Hello World!

　　>>>

　　事实上，在IDLE交互模式下，每键入一条指令后，都要按"Enter"键。

　　下图显示了在IDLE窗口中执行这条指令的情况。

```
Python 3.6.2rc1 Shell                                   —    □    ×
File  Edit  Shell  Debug  Options  Window  Help
Python 3.6.2rc1 (heads/3.6:268e1fb, Jun 17 2017, 19:01:44) [MSC v.1900 64 bit (A
MD64)] on win32
Type "copyright", "credits" or "license()" for more information.
>>> print("Hello World!")
Hello World!
>>> 
```

当你给Python下达指令后，它会完全按照你要求的去做，它会打印（print）你的消息。这里的打印——print，并不是我们日常生活中打印资料的"打印"，而是在屏幕上显示你想看到的文本。

你可能会问：我输入的这行文字就是你所说的指令吗？对！没错，你键入的这行文本就是一个Python指令。其实你现在就是在编程哦！计算机现在就在你的掌控之中。

另外，在学习编程时总遵循着这样一个传统：一开始接触编程时，也就是我们的第一个程序都是让计算机在屏幕上显示"Hello World!"。我们当然也沿袭了这个传统。

如果你输入正确的话，有没有发现这行文本有什么特点？是不是单词的颜色不一样？Python中为什么会有这些奇妙的颜色呢？

我们不妨对这行文本做一些改动，把print改成prunt，其他不变，再次键入，并按下"Enter"键，你会看到下面的结果：

```
>>> prunt("Hello World!")
Traceback (most recent call last):
  File "<pyshell#7>", line 1, in<module>
    prunt("Hello world!")
NameError: name "prunt" is not defined
>>>
```

上面程序的最后一行是Python提示给你的错误信息，表示它不懂你输入的内容，不知道要干什么。在修改过的代码中，"print"被错写成了"prunt"，关键字拼写错误，这种错误我们通常称之为语法错误。当出现语法错误时，本应被高亮显示的关键字就会失去它该有的颜色，Python也是以这种直观的方式提醒我们，在编写的过程中及时修正错误，而不要等到程序运行之后，Python告诉我们发生错误了再修改。

Python这么厉害，那是不是在编写过程中，程序中的所有错误它都能以这种方式提醒我们呢？

我们来看下面这段代码：

```
>>> print(1/0)
```

关键字输入正确，Python理解了你的意思，按下"Enter"键，会出现什么？

```
>>> print(1/0)
Traceback (most recent call last):
  File "<pyshell#6>", line 1, in <module>
    print(1/0)
ZeroDivisionError: division by zero
>>>
```

程序是有错误的！但是这一次关键字输入正确了，为什么也会出错呢？

这种错误只在程序运行时才会发生，在此之前，Python不会检测到程序的错误，因此被称为运行错误。

以Traceback开头的代码表示错误信息开始。下一行给出了发生错误的位置，包括错误代码所在的文件以及行号，然后显示出错的代码行，帮助你节省时间，快速找到问题症结。错误信息的最后一行显示这行代码出了什么错。

所以，在编程过程中，不要因为出现错误就变得烦躁，Python会给你最"专业"的错误提示，不论你的代码有多少行，它都能够帮你准确定位出错位置，帮助你改正错误。事实上，无论是技术多么高超的程序员，编程的时候都会出现大大小小的错误，这些错误被称为"bug"，而bug是不可避免的。所以，出错的时候，你肯定更希望看到出错信息，而不希望Python不给你任何提示，那样你也许会弃之而去。

可以借鉴《父与子》中的"术语箱"，对一些常用的术语进行规范化的解释。

关键字：程序发明者规定的有特殊含义的单词，又称保留字。

bug：原意指臭虫，程序员们把代码中的错误比喻成讨厌的臭虫。

以上穿插了一些关于错误信息的介绍，下面继续学习指令。

计算机最厉害的"本领"是什么？计算呗！那么以Python作为媒介，我们可不可以让计算机为我们做一些算术运算呢？当然可以！下面我们就在IDLE中尝试输入几条指令看看结果。

在 >>> 后面键入下面这条指令：

>>> print(11+22)

按下"Enter"键你会得到：

33
>>>|

跟你计算的结果一样吧！再试一个：

>>> print(3*9)

这是数学运算中的3×9，结果显然是27。需要注意的是，在几乎所有的编程语言中，都是用*（星号）来代替乘号的。在平时的数学课上，大家还是写成3×9，但是在使用Python进行运算时，必须写成"3*9"，希望读者能尽快习惯这种用法。至于其他的运算符号有无变化，后面的章节中会详细讲解。

上面的计算难吗？你可能会说："我口算也能准确得出结果，为什么要让计算机帮我算？"别着急，计算机的真正本领还没显示出来呢！我们接着看下面这个例子，你还能口算吗？

```
>>> print(1234*9888)
12201792
>>>
```

还有这个呢？

```
>>> print(1234567899999999*88888865432176)
109739339929984027861534567824
>>>
```

太复杂了，是不是？做复杂的数学运算对于我们来说很困难，但对计算机来说是"小菜一碟"！

当然，除了数学运算外，计算机还能做很多事情，比如：

```
>>> print("I"+" "+"love"+" "+"you.")
I love you.
>>>
```

再比如：

```
>>> print("cat" * 5)
catcatcatcatcat
>>>
```

计算机能做的事远不止上面这几个例子，后面的章节中我们会深入学习。

最后要讲一下如何在Python文件中写代码，而不是在交互模式下。通常这时候我们要完成的操作已经不是一行指令就可以完成的了。我们需要新建一个Python文件，在文件中写代码。选择下图中的"New File"选项，会跳出来一个新的窗口，在新窗口中编写代码，这就是在Python文件中写代码。

代码编写完成后,选择"File"菜单下的"Save"选项,为这个Python文件取一个名字,比如:a.py(.py不需要输入,它是Python文件的扩展名)。

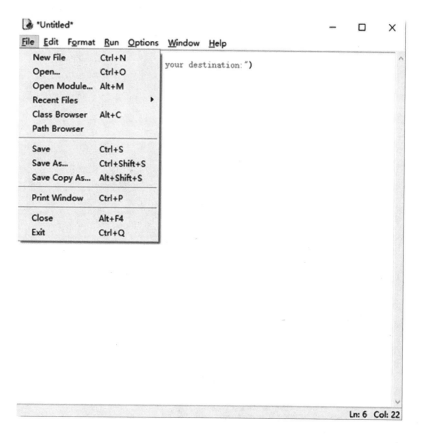

保存之后，编辑框的左上角就会显示这个Python文件的路径和名字，然后按下"F5"键，就可以执行代码了。

- 了解了Python的历史。
- 安装了Python。
- 在交互模式下输入了一些Python指令。
- 领略了Python强大的计算能力。
- 利用IDLE的文本编辑器完整地键入了属于自己的第一个程序。

1. 在交互模式下计算一年有多少分钟（一年以365天计）并打印。

2. 编写一个小程序，打印3行，分别为：你的名字、出生日期和你喜欢的颜色。

3. (思考)用两种不同的方法在计算机屏幕上显示出如下效果：

```
        1
       222
      33333
     4444444
    555555555
>>>
```

第4章 数据和变量

4.1 数字的运算

上一章中,在交互模式中给出Python指令时,我们已经看到它可以完成很复杂的算术运算,但那些还不够,我们还要进一步了解一下,Python还可以做哪些数学运算。实际上,在绝大部分有意思的程序中,都少不了数学运算的身影。比如,游戏的积分、物体运动的距离、某个软件的用户数量等,这些都依赖于数学运算。可以说,在编程中,数学无处不在。

那么接下来,我们就一起来探索一下Python还能完成哪些数学运算。

从上一章中我们已经知道了,Python可以完美地完成加法(+)以及乘法(*)运算,那么对于四大运算(加、减、乘、除)里面的另外两个运算它是不是也掌握得很好呢?

对于减法运算(使用连字符"-"作为减号),示例如下:

```
>>> print(20-9)
11
>>> print(9-20)
-11
>>>
```

可以看到,即使是涉及负数的减法运算,Python也能运算自如。

再看除法。由于计算机键盘上没有除号(÷),所以所有程序都使用斜杠(/)来表示除法运算。示例如下:

```
>>> print(9/3)
3.0
>>>
```

你会不会觉得很奇怪,在平时做数学题时,碰到9 ÷ 3,你会写多少呢?答案应该大多是3吧,而不会多此一举写成3.0。这是为什么呢?先别着急,我们再看两个例子:

```
>>> print(9/2)
4.5
>>> print(10/3)
3.3333333333333335
>>>
```

所以是不是可以总结出这样一个规律:对于除法,Python默认都是输出小数(在计算机中,没有分数这个概念,所有的分数都是用小数表示的),也就是说,它是当成我们常规理解的除法来做运算的。

这里之所以说"我们常规理解的除法",是因为在Python 2.0的时候,除法还不是这样的,而且在其他很多编程语言中,除法并不是我们以及Python 3.0所理解的"常规除法"。下面是上述示例在Python 2.0中的运行情况:

```
>>> print 9/3
3
>>> print 10/3
3
>>> print 9/3
4
>>>
```

差别显而易见,小数都变成了整数。事实上,你可能希望9/3得到的是整数,而10/3和9/2得到的是小数,但是,你不能对Python要求太高,毕竟它没有你聪明,做不到预判断。因此,在Python 2.0中,对于除法运算,它都是默认当成整除运算来做的。所谓整除,就是说如果运算的结果是整数,最终结果就显示整数;若是小数的话也只显示小数的整数部分,小数部分直接去掉(注意,此处不采用四舍五入法)。

在计算机编程中,小数也称为浮点数(float),你可以把这里的"浮点"理解成小数点的前后浮动。

但是,如果我们不希望Python做整除运算,那怎么办呢?那就需要把除号(/)两边的数字(操作符两边的数我们称之为操作数,操作符就是运算符)中的一个,当然也可以是两个,都写成小数形式,也就是下面这种形式:

```
>>> print 9.0/2
4.5
>>>
```

这是因为当你写成9/2时,Python识别出除号两边的操作数都是整数,它就默认你要的结果也是整数,所以它会做整除运算。当你把其中一个操作数写成小数形式时,Python就会明白,你要的结果是小数,这时它就会对其进行常规的除法操作,输出的结果就是小数,包括可以整除的算式,它也会输出小数。所以,输出结果是小数还是整数,完全取决于你的要求,或者说,你的输入形式。

大多数编程语言对于除法运算的规定和Python 2.0是相同的。

那么问题又来了,在Python 3.0中,默认的是进行常规的除法运算,也就是默认输出小数,如果我们想要它做整除运算,怎么办?Python 3.0中规定,两个斜杠(//)表示整除运算。示例如下:

```
>>> print 9//2
4
>>>
```

那么你会不会想，如果操作数是小数，操作符是整除，Python是怎么处理的呢？结果如下：

```
>>> print 9.0//2
4.0
>>>
```

结果居然不是4，也不是4.5。这就奇怪了，它是怎么运算的呢？

首先，Python根据双斜杠（//）识别出来这是一次整除运算，也就是说，它会先得到结果4；其次，Python发现9.0是小数形式，也就是说，用户需要的结果是小数，因此就把4写成小数形式4.0，作为最后的输出结果。

这种情况一般较少出现，了解即可。但是，我们要从中抽象出一个普适的规则，即运算本身的性质是由操作符决定的，操作数影响的是最后的结果以什么形式展示出来。

在学习过程中，我们要有意识地将各个例子进行对比，善于发现不同，总结规律，这是编程需要的一种思想，叫作抽象，也就是从大量的例子中，总结出一套普适的规律。

OK，我们已经见识了Python进行四则运算的能力，也了解了其中一些比较特殊的规则。下面，我们要继续学习几个操作符，它们在数学中不太常见，但在编程中运用得很多。

第一个是取余操作符。取余，就是取余数。大家可能有点陌生，没关系，看个例子就明白了。

```
>>> print(3%2)
1
>>>
```

也就是说，最后的输出结果是3除以2得到的余数，这就是取余。

第二个是求幂操作符。比如，当你想算一个数的5次方时，就可以用这个操作符，而不需要用（*）把5个数连起来相乘，那样会很繁琐。具体用法如下：

```
>>> print(2**5)
32
>>>
```

Python中用两个乘号（**）表示幂运算。上述例子就等同于计算2^5，也就是"2的5次方"。

另外还有三个操作符，分别是赋值操作符以及自增、自减操作符，但要把它们说清楚要等到4.4节，因为它们的操作对象不再是数字，而是变量。

数字运算这一小节先到此为止。

你有没有觉得上面这些程序有些无趣——只是数字之间简单或复杂的计算而已。别担心，从下一节开始，我们的程序就开始变得有趣了。

4.2 输入和输出

前面我们已经认识了程序，但实际上，我们前面学的那些简单的指令，包括第2章第1小节中的，它们并不能构成真正意义上有用的程序。大部分有实际用途的程序都具备两个特征，即输入和输出。但其实输入和输出中间还有一个步骤，那就是处理输入。一般情况下，程序会对不同的输入进行不同的处理，从而得到不同的输出。

举个实际的例子：你在用手机玩赛车游戏时，对于这个游戏来说，输入就是你在屏幕上操控的诸如方向键或加速、减速键等信号；处理就是按你给出的不同信号，对赛车的状态进行调整；输出就是你在屏幕上看到的各种图形，或是你听到的各种声音等。

OK，我们知道了计算机进行处理的前提是要有输入。那么，它怎么获得用户输入的信息呢？又是如何区分用户的输入进行不同的处理呢？

要理清这一系列问题，就请继续看第3节的内容。

4.3 内存与变量

看到这一节的标题，你可能会说：我听过"内存"这个词。的确，当你调皮地想在你爸爸或者妈妈的手机中下载一个很大的游戏时，它可能就会提示你：内存不足！"内存"到底是什么呢？它与标题里的"变量"又有什么联系呢？

实际上，简单来说，内存就是计算机存放变量的地方。上一节我们说到一个有意义的程序是需要输入的。那么，为了处理这些输入，计算机必须首先记住它们。就像你要跟别人进行对话一样，你需要首先记住别人说的话，在脑中思考一下应该怎么回答，然后再做出回应。两者是一个道理。

因此，计算机记住用户的输入，就是要把输入保存下来，保存输入的地方就是计算机的内存。实际上，计算机不仅会保存输入，而且会将程序本身保存在内存中，毕竟程序是计算机对用户的输入进行处理的依据，或者说是规则。这就比方说，你只有记住了你想说的那些字或词的发音，才能正确地表达出你的想法。

但是，我们应该怎么告诉Python把一个输入的东西放在内存里的某个位置呢？而且，放进去之后，如果想再用它，又该怎么拿回来呢？

我们先来想一想，你是怎样在计算机中写文档的。

首先，你可能会打开记事本，在里面输入一些文字，输入完成后，你会干什么？一定是保存。也许你会粗心，忘记保存，直接退出，但计算机依然会提示你需要保存这个文档。保存的时候，计算机会有一个默认的保存路径，当然你也可以自己选择路径，比如你可能会选择易于寻找的"桌面"，接下来你会输入这个文档的名字，比如你的名字，最后点击"确定"。

上述操作完成后，计算机的桌面上就多了一个以你的名字命名的文档，当然，原始的那些文档依然存在。那你是如何从众多的文档中找到你创建的那个呢？很显然，因为那个文档的名字就是你的名字啊，所以一下就能找到啊！

总结一下：你是通过给文档命名才让计算机记住（保存）它的，并且也是通过这个名字找到它的。

同样，不管是在Python中，还是在其他任何编程语言中，如果你希望程序记住某个东西，对其进行处理，并且，你以后可能还会用到它，你所要做的就是给这个"东西"取一个名字，这跟给你的文档取名字是一样的。当你给它取了名字后，Python就会把它放在内存中的某个位置，至于放在哪个位置，你并不需要关心，因为当你要再次用它时，只要将它的名字告诉计算机就可以了。这个名字就是所谓的"变量"。

下面我们就通过一些具体的例子来看一下，变量究竟该怎么使用。

```
>>> fruit="apple"
>>> print(fruit)
apple
>>>
```

这里我们要先解释一下第一行里面的等号"="，这并不是常规意义上的"等于"。在Python

以及几乎所有的编程语言中,"="表示赋值操作符。所谓赋值,就是把等号右边的东西(我们称之为"值")赋给等号左边的东西(我们称之为"变量")。简单地讲,就是把值赋给变量。赋值操作符很常用,几乎任何一个有意义的程序都会用到它,但要把它和数学意义上的"等于"区别开来。

接下来我们就可以解释第一行代码的意思了,即把值"apple"赋给了变量"fruit"。需要特别注意的是,这里的"apple"必须加双引号(单引号也可以)。如果不加双引号就会出现如下错误:

```
>>> fruit=apple
Traceback (most recent call last):
  File "<pyshell#0>", line 1, in <module>
    fruit=apple
NameError: name "apple" is not defined
>>>
```

这里涉及一个关于"类型"的问题,详细内容我们会在4.4节重点解释,先继续把上面的例子讲完。

第一行代码的意思是,把值"apple"赋给变量"fruit",换句话说,就是给值"apple"取了个名字,叫fruit。这时,在计算机的内存中的某个位置就有了一个单词"apple",你不需要知道它具体在哪个位置,因为你已经为它取了一个名字fruit。如果你要把它取出来,只需要告诉计算机即可。这也就是代码的第二行,当你print(fruit)的时候,Python打印出来的是apple而不是fruit的原因。

如果你还不能理解变量和值的关系,那我们就举个生动一点的例子来类比一下。

如果现在你的老师需要统计一下你们全班同学的家庭住址,他让你们在纸条上写下自己的住址,你应该会写:×××省×××市×××县(区)×××街道×××村(小区)×××号。我想你一定不会在纸条上写下"自己的住址"几个字,这很荒谬,对吗?

所以,现在你肯定明白了,变量就是一个"代号",它是为了用户方便取值而设置的。

需要特别强调的是,在一些编程语言中,变量都是需要先定义其类型,然后才能赋值的,并且值的类型必须与变量的类型一致。但对于Python而言,变量的类型是由值的类型决定的。也就是说,当你写下一个变量的名字时,它是没有类型的,它只是个名字,只有当你给它赋值之后,它才会拥有类型,也就是值的类型。

举个形象一点的例子——超市里面货物的价格标签。对于需要先定义变量类型的情况来说,就类似于你拿到的标签都是写好商品名称的,那么你就应该把它贴到对应的商品那儿去,否则就会出错。而不需要先定义变量类型的情况,则类似于你拿到的标签都是空白的,当你把它贴在某一个商品，如面包下面的时候，那你就会在标签上写上面包和它的价格，这时候标签才有了商品名称。

通过上面的例子你是不是就觉得很好理解了呢？我们在学习的过程中，要善于将知识与生活结合起来，可以用知识去改善生活，也可以用生活去理解知识。

下面讲一下变量的一个比较重要的性质。

"变"，从直观上理解，可以说成变化的、可变的。那是不是说，变量就是"可变的量"呢？答案是正确的。就是说，当你定义了一个变量，并给它赋了一次值之后，这个变量的值并不是确定不变的，你可以给它重新赋值。

我们就用fruit = "apple"这个例子来解释一下变量的"可变性"。

```
>>> fruit="apple"
>>> fruit
"apple"
>>>
```

此时，fruit的值是"apple"，这是肯定的。下面我们就做一些改变，给fruit重新赋值。

```
>>> fruit="orange"
>>> fruit
"orange"
>>>
```

我重新把"orange"赋给了fruit，再次输出的时候，fruit就不再是"apple"了。那原来的"apple"哪儿去了呢？实际上，原来的值"apple"由于已经没有变量指向它了，也就是说，没有任何变量是用来存储它了，所以Python就自动把它清理掉了，也就是从内存中把"apple"删除了。

我们还用上面的"货物价格标签"的例子来进一步解释一下"可变性"。比如，原来货架上有一堆牛奶，它的标签上写着品牌、名称、单价等信息，但是由于某种原因，也许是这堆牛奶过期了，售货员把标签移到了另一堆品牌、名称、单价等相同的牛奶下面了，标签没有变，但是它代表的牛奶变了，因为两堆牛奶的生产日期不一样（实际上，从哲学意义上讲，世界上没有一瓶相同的牛奶，对吧）。原来那堆过期的牛奶肯定就要从货架上移走，因为没有价格标签，如果还放在货架上的话，就是对空间的浪费，不是吗？

我们再看这一节的最后一个例子。

```
>>> fruit1="apple"
>>> fruit2="apple"
>>> fruit1
```

```
"apple"
>>> fruit2
"apple"
>>> fruit1="orange"
>>> fruit1
"orange"
>>> fruit2
"apple"
>>>
```

我把"apple"赋给了两个变量fruit1和fruit2,当我第一次输出的时候,两者都是"apple"。后来我把fruit1的值变成了"orange",再次输出两个变量,毫无疑问,fruit1肯定是"orange",但fruit2还是"apple"。这就说明,当一个值有多个变量存储时,改变其中一个变量的值,不会影响其他变量原来的值,也就是说,变的只是变量,而不是值。这就类似于,原来的那堆牛奶下面我放了两个价格标签,后来因为这种牛奶销量很好,所以售货员决定在货架上增加一个位置给它,就把其中一个标签抽出来,放在新的牛奶下面。被抽出来的标签指向了新的牛奶,而原来的标签并没有动。把变量的"可变性"用贴标签这个实际的例子来理解,就很形象生动了。

了解了变量之后,我们接着来认识一下变量的类型,也就是Python中的数据类型。

4.4 数据类型

这一节就涉及我们上面讲到的"apple"一定要加双引号的问题了。

需要说明的是,这里的"数据"不是我们通常理解的"数字",而是所有可以输入计算机中进行处理的符号的总称。数据是信息的表现形式和载体,可以是文字、数字、声音、图像、视频等。Python中的标准数据类型有5种,分别是Numbers(数字)、String(字符串)、List(列表)、Tuple(元组)、Dictionary(字典)。这里我们只着重介绍前两个,后面的3个类型会在第7章中详细叙述。

在上面的例子中,第一行代码:fruit = "apple",实际上就定义了一个字符串类型的变量。也就是说,在把fruit赋值为"apple"之前,fruit只是一个变量名称,不具备任何类型,赋值后,fruit就变成了一个字符串类型的变量。

字符串(简称串),是由数字、字母、下划线组成的一串字符,并且要用双引号把字符引起来,这是编程语言中用来表示文本的一种数据类型。文本,就是你平常说的一句话,或是你在作业本上写的一段话,或是一篇文章。在几乎所有的编程语言中,只要是用双引号引起来的文字就是字符串。

举个例子来感受一下加双引号和不加双引号的区别。

```
>>> print(6+3)
9
>>> print("6+3")
6 + 3
>>>
```

第一行代码就是打印了算术运算6 + 3的结果9；而第二行代码，由于6 + 3这个算式加了双引号，因此Python就把它识别成了字符串，就直接把它当成了文本内容输出了。

所以，字符串最重要的一个特点就是，计算机是直接按其字面意思来理解的，也就是，看上去是什么，输出来就是什么。

那么问题又来了，尽管现在我们已经知道了字符串是需要加双引号的，但是当我写fruit = apple时，它是把apple看成什么的呢？这就要讲到变量的命名了。

实际上，你可以给变量取任何你喜欢的名字。不过，从严格意义上讲，应该是几乎任何名字。至于名字的长短，有哪些字母，则由你来定。但有几条规则我们必须要遵守，所谓"没有规矩，不成方圆"，自由也是建立在一定条件下的。

第一个规则是变量名只能由字母、数字和下划线（_）组成。

第二个规则是变量名必须以字母或下划线开头，不能以数字开头，比如2abc就不能作为变量名。

第三个规则实际上是包含在第一个规则里的，就是变量名中不能有空格。

第四个规则，其实只能算是一种习惯，程序员们在给变量命名时，通常会遵循"见名知义"的原则，也就是看见这个变量名就知道它是用来存储什么的。比如，看见fruit就知道它是用来存储跟水果有关的值。但是如果你想要用vegetable来存储水果，那"蔬菜"也不会有意见的，因为在Python中，你写成vegetable = "apple"是完全正确的，只不过对我们人类来讲，比较难理解。代码写出来不仅要让计算机看得懂，也要具有很好的可读性，这里的可读性是针对我们人类来讲的。因为实际上很多比较大的编程项目是需要团队合作完成的，如果别人看不懂你的代码，就没有办法把你们各自的代码结合起来形成一个整体。

回到我们一开始的议题，就是字符串类型的数据。对字符串而言，当它跟加号（+）结合起来的时候，有一个很有趣的操作。我们看下面的例子：

```
>>> number1="1"
>>> number2="2"
>>> number1+number2
```

```
"12"
>>>|
```

这里，我定义了两个字符串类型的变量number1和number2，值分别是"1"和"2"，把它们相加之后，输出了一个新的字符串"12"（单引号和双引号意义相同）。你可能会觉得很奇怪，1和2相加，怎么会得到12？当你说"1和2相加"的时候，就表示你并不是把这里的"1"和"2"当成字符串来看待的，而是把它们当成了数字，并对它们进行了加法运算。这是不对的，前面我们强调过，引号里面的内容，不管是数字还是字母，都是字符串，都只是一段文本。因此，这里的"+"并不是对1和2做加法，而是对字符（长度为1的字符串称为字符）"1"和字符"2"进行拼接操作。拼接，就是把两个字符串组合到一起（注意它们之间是没有空格的），拼接到一起后就构成一个新的字符串。

上面我们讲到带引号的1和2是字符串类型的，那么不带引号的呢？显然就是数字类型的。对数字而言，"+"就意味着数学运算中的加法。

```
>>> number1=1
>>> number2=2
>>> number1+number2
3
>>>|
```

实际上，我们需要了解的，并且也是很常用的两种数字类型，就是int（整型）和float（浮点型），对应于数学中的整数和小数。这在本章第1节数字的运算中已经详细解释了，这里就不再赘述。

下面我们再介绍一下自增、自减操作符。

```
>>> number=3                    >>> number=3
>>> number+=1                   >>> number-=1
>>> print(number)               >>> print(number)
4                               2
>>>|                            >>>
```

上面两段代码很相似，不同之处仅是第二行中的一个符号，一个是"+="，一个是"-="，很明显能看出它们是相反的。"+="表示自增，"-="表示自减。在上面的例子中，分别表示自增1和自减1，当然也可以自增2、自减2，或者更多。我们把自增（减）多少中的"多少"叫作步长，形象地理解就是，你一步能向前走多远，或者一步能向后退多远。

到这里为止，我们已经把这一节的主体内容都讲到了。下面还需要说一下两个比较重要但很简单的知识，那就是数据之间的类型转换和input函数。

4.5 类型转换

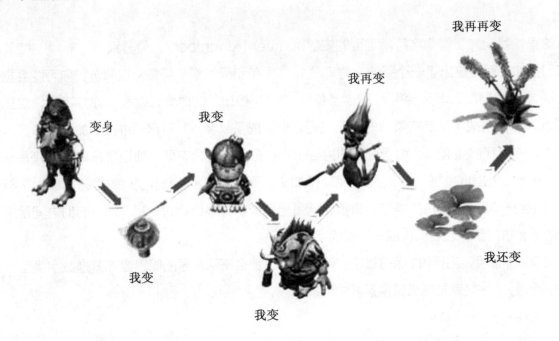

先来看一下类型转换是什么。

前面我们讲到了两种数据类型,包括字符串和数字,数字又分整数和浮点数两种,因此我们现在至少可以为一个变量赋3种不同类型的值。

在很多情况下,我们一开始定义的某个变量的类型,在程序的某些部分可能是不能用的,需要转换成其他数据类型才能使用,或者说出于某种目的或要求,必须要将它进行类型转换。

比如,我们从一开始就一直在用的print(),对于数字类型的变量,它就是把它们转换成字符串变量再打印出来。这个过程对于我们使用者来说是透明的,但是我们应该知道,所有需要打印到屏幕上的内容都必须是字符串类型的,这是print帮我们完成的。那么当我们想把字符串类型的数据转换成数字类型的时候呢?或者,我们只是想把数字转换成字符串来使用,而并不是想把它打印出来时,该怎么办呢?

我们来看Python提供的3个用于类型转换的内置函数(关于函数的具体讨论将在第8章中进行)。

- int( ):将一个字符串类型的数据或者一个浮点数转换成整数。
- float( ):将一个字符串类型的数据或者一个整数转换成浮点数。
- str( ):将一个数字类型(或是其他任何类型)的数据转换成字符串类型。

但是,读者要明白,Python提供这种转换机制并不是真正意义上的"转换",而是用括号里面提供的变量的值创造一个新的变量,变成你想要的类型。比如int( )函数,用括号里面的字符串或是浮点数创造一个新的整型变量。

下面我们就来实际使用这些函数。

先看int( )，它是将字符串或浮点数转换成整数。

```
>>> a=2.7
>>> int(a)
2
>>> a
2.7
>>>
```

第一行定义了一个值为2.7的浮点型变量a，第二行把a转换成整型输出，结果是2。第四行输出a，发现结果不是2，而是最开始的值2.7。

我想这个例子应该能很好地说明，Python的类型转换只是创造了一个新的你需要的类型的变量，并没有改变原来变量的值。当然你可以为这个新的变量取个名字，方便后面使用它。于是上面的例子可以改写成如下形式：

```
>>> a=2.7
>>> b=int(a)
>>> b
2
>>> a
2.7
>>>
```

有一个需要提醒大家注意的地方，我相信读者一定也注意到了，int( )函数在将浮点数转换成整数时，是直接把小数部分去掉的，并没有用四舍五入法。这和我们前面讲的整除（//）是一样的。

那如果括号里面是字符串呢？

```
>>> s="23"
>>> int(s)
23
>>>
```

int( )把字符串"23"转换成数字23。那像"23.4"这种能不能也转换成整数23呢？试试看。

```
>>> s="23.4"
>>> int(s)
Traceback (most recent call last):
```

```
    File "<pyshell#14>", line 1, in <module>
        int(s)
    ValueError: invalid literal for int() with base 10: "23.4"
>>>
```

出错了！很显然，最后一行的错误信息告诉我们是"23.4"出错了。为什么呢？

实际上，对于int( )函数而言，它只能把由纯数字组成的数字型字符串转换成整数，而浮点数带有小数点，并不是纯数字。所以，int( )函数的括号里只能是数字和纯数字的字符串。

下面再看float( )函数，将字符串或是整数转换成浮点数。

```
>>> a=23
>>> b=float(a)
>>> b
23.0
>>> a
23
>>>
```

将整数23转换成浮点数23.0。

```
>>> a="23"
>>> float(a)
23.0
```

将纯数字字符串"23"转换成浮点数23.0。

```
>>> a="23.34"
>>> float(a)
23.34
```

将字符串形式的浮点数"23.34"转换成浮点数23.34。

所以float( )看上去似乎比int( )强大一些，它并不要求字符串是纯数字的，浮点数的字符串也是可以的。

需要着重说明的是，int( )和float( )可以对字符串类型的数字进行转换，但不能对字符串类型的字母进行转换。

```
>>> a="abc"
>>> int(a)
Traceback (most recent call last):
    File "<pyshell#17>", line 1, in <module>
```

```
        int(a)
ValueError: invalid literal for int() with base 10: "abc"
>>> float(a)
Traceback (most recent call last):
  File "<pyshell#18>", line 1, in <module>
    float(a)
ValueError: could not convert string to float: "abc"
>>>
```

原因很简单，因为Python并不知道该怎样把"abc"创建成一个数，我们并没有一个既定的普适规则来把一个字母序列转换成数字。因此，如果你有这样的需求的话，你需要自己编写一个可用于把字母序列转换成数字的函数，把你定的规则告诉Python，否则，Python是无法做到的。

对于str()，这里的str取的是字符串的英文string的前三个字母，它是把其他类型的数据转换成字符串。例如，把数字变成字符串：

```
>>> a=23.45
>>> str(a)
"23.45"
>>>
```

实际上，这就是print在输出数字的时候需要进行的一次转换。

input( )函数

前面我们提到过一个问题：计算机如何获得用户的输入？前面讲了那么多，但似乎没有提到如何解决这个问题。其实我们的第一个例子就已经展示了一种获取输入的方法。

```
>>> fruit="apple"
>>> print(fruit)
apple
```

>>>

直接把输入作为值赋给变量，这是在代码中就把变量的值固定下来，当然，后面你可能还会修改它。

那么input( )函数实现的是哪种输入方式呢？

```
>>> fruit=input("Enter your favourite fruit:")
Enter your favourite fruit: apple
>>> fruit
"apple"
>>>
```

第一行代码是把用户输入的值赋给变量fruit，input( )函数的括号里面的文字是Python为了给用户提示，告诉用户输入什么样的值。比如这里就是告诉用户输入你最喜欢的水果。按下"Enter"键后，Python就会让你输入一个值，就是说fruit现在需要一个值。输入"apple"，按下"Enter"键后，此时fruit的值就变成apple。也就是说，input( )函数是真正地去获取用户输入的，变量的值不再是程序员直接在代码中设定的，而是由用户给定的，这就解决了不同用户可能产生不同输出的问题。

长知识啦

- ❖ 了解了数字之间的一些运算和符号上的注意点。
- ❖ 知道了变量和内存的关系。
- ❖ 深刻认识了变量的"可变性"。
- ❖ 认识了Python中的数据类型。

本章习题

1. a) 像上一章一样，在交互模式中让Python 计算一年有多少分钟。不过，这一次要使用变量。以DaysPerYear (每年天数)、HoursPerDay (每天小时数)和MinutesPerHour (每小时分钟数)为名分别创建变量(或者也可以用自己取的变量名)，然后将它们相乘后输出。

```
>>> DaysPerYear=365
>>> HoursPerday=24
```

```
>>> MinutesPerHour=60
>>> Print DaysPerYear*HoursPerDay*MinutersPerHour
525600
```

b) 人们总是感叹没有足够的时间做到尽善尽美。若是一天有26个小时，那么一年会有多少分钟呢？(提示:改变HoursPerDay 变量。)

```
>>> Print DaysPerYear*HoursPerDay*MinutersPerHour
569400
>>>
```

c) 运用运算符计算一年(365天)有多少周。(无法整除的天数算作一周)

```
>>> Print DaysPerYear/7+1
54
>>>
```

2. 编写一个程序实现如下要求，在程序最后输出创建对象测试：

a) 使用float( )从一个字符串（如"23.4"）中创建一个浮点数。字符串的选取要保证可转换。

b) 使用int( )从一个浮点数中创建一个整数，请观察创建过程中是向上取整还是向下取整。

c) (思考)如果现有一个字符串"23.333"，如何使用这个字符串向下取整创建一个整数？

3. 编写一个程序帮助使用者统计他身上共有多少钱。

假设用户身上只有一元、十元、百元面值的纸币，通过程序询问使用者身上有几张一元、几张十元、几张百元的纸币，获得数量后计算出使用者身上纸币的总数并打印。

第 5 章　判　断

上一章我们认识了数据和变量，知道了Python中常用的两种数据类型，即字符串和数字，还学习了变量这个非常重要的概念，了解了它的一个重要特性——可变性，并对变量之间的类型转换有了初步的认识。那读者是否还记得，上一章的最后一个内容是什么？

上一章最后我们说到input( )函数是用来获取用户输入的值，因为不同的用户给出的值可能是不同的，实际上，同一个用户在不同时期对同一个问题的回答也极大可能是不同的。那么，对于获得的这些不同的值，计算机在处理的时候通常也会采取不同的策略。而如何区分不同的值，就是本章要解决的问题。

5.1 满足条件才放行

我们先设定一个简单的场景：

你买了一张车票，假设这种车票只限定目的地（这里为了满足问题需要简化场景），就是说只要目的地对应正确，任何时间你都可以凭票开始你的旅行。我们知道，车站有很多检票口，通常不同的检票口检查的是不同目的地的车票。但在这个场景下，我们先假设车站只有一个检票口。

假设你买了车票（ticket），目的地（destination）是A市。于是，你在某个很空闲的时间，准备去旅游放松一下。来到车站，什么情况下你才能成功上车呢？应该是要满足一个条件，就是你的车票确实是去往A市的。因为确实存在一种可能，就是你买票的时候目的地输错了。

于是，代码可以写成下面的形式：

```
while (1):
    destination=input("Enter your destination:")
    if destination=="A":
        print("Success!")
    else:
        print("Fail!")
```

运行结果如下：

```
Enter your destination: A
Success!
Enter your destination: B
Fail!
Enter your destination:
```

上面的代码输入不再是在IDLE交互模式下进行了。我们需要新建一个Python文件，在文件中写代码，相关操作已经在第1章中描述了，此处不再赘述。

代码输入后，按下"F5"键，就可以执行代码了。

我们再来仔细分析一下代码。

```
while(1):
    destination=input("Enter your destination:")
    if destination=="A":
        print("Success!")
    else:
        print("Fail!")
```

第一行while(1)设定了一个死循环，让程序可以一直运行下去。关于循环我们会在下一章详细讲解，读者可暂时把它忽略。

第二行定义了一个变量destination，把用户输入的值赋给它。我们用这样一个让用户输入的形式来模拟车站检票的过程。

从第三行往后是重点。Python用if来完成判断的工作，if后面是一个空格，空格后面就是判断的条件。比如这里就是判断目的地（destination）是不是"A"。条件设定完成后，不要忘记非常重要的冒号（:），它告诉Python后面输入的代码需要缩进了。

这里我想暂停一会儿，先解释一下"缩进"这个名词。

我们在写文档的时候，经常会按制表符"Tab"来进行首行缩进，两者的意思是一样的。首行缩进是缩进一个段落的第一行，告诉读者下面是一个独立的段落；而Python中的缩进，是缩进代码块（你可以把代码块理解为文档中的一个段落）中除第一行外的代码，它会告诉Python，这个代码块从哪里开始，到哪里结束。

在很多编程语言中，缩进只是一个编码风格，对程序的执行并没有本质的影响。但在Python中不一样，缩进是非常重要的一部分。像判断、循环等操作，并不是一行代码就能完成的，它需要整个代码块来完成。至于缩进多少并不重要，只要同一个代码块的缩进程度是一样的就可以了。不过，Python程序员们通常都是将代码块缩进4个空格。所以，为了形成良好的编码风格，你最好也这样做。

OK，解释完"缩进"，我们继续来看上面的例子。

从if开始，到print结束，是一个代码块，这个代码块的功能就是判断destination是不是等于A，如果是，就打印"Success!"。

从第五行else开始到第六行print结束，也是一个代码块，表示如果destination不等于A，就打印"Fail!"。以else开头的代码块，是当条件不满足if的判断时需要执行的操作。

把两个代码块合起来解释就是，如果destination等于A，就打印"Success!"，表示检票成功；否则，打印"Fail!"，表示检票失败。

上述例子完整地展示了一次判断操作的过程。

5.2 用于比较的操作符

上一节的例子中有一个非常重要的细节,读者有没有注意到呢?我们在用if进行条件判断时,是这样写的:if destination =="A",这里出现了两个等号,并不是笔误,反而是需要读者特别留意的地方。

我们在第4章中讲过的赋值操作符"="是一个等号。这里的双等号"=="是用来判断两边的值是否相等,若相等,则执行下一行代码;若不相等,则跳过当前代码块中的代码,执行下一段代码。读者可以对照着上面的例子进行理解。

我们在数学中学过很多比较符号,比如">""<""≥""≤",那么Python中有没有这些符号呢?当然有!只不过在书写上会有些区别。另外,Python中还有一个操作符"!=",用来判断两个值是不是不相等的。

下面这段代码就展示了每个操作符的功能。

```
>>> 1 >= 2
False
>>> 1 <= 2
True
>>> 1==2
False
>>> 1 != 2
True
>>> 1 > 2
False
>>> 1 < 2
True
>>>
```

Python打印出来的False和True是判断的结果,Python是把诸如"1 >= 2"这样的式子当成了疑问句来进行判断的,也就是说,这个式子是在问Python,"1 >= 2吗?",Python判断为错误,输出False。对于"1 <= 2吗?",判断为正确,输出True。

读者会不会觉得不等于号(!=)很多余,把双等号(==)反过来用不就好了吗?但是,为了让程序的逻辑更加清晰,也为了减轻程序员在思考程序逻辑结构时的负担,Python的创造者们发明了不等于号。而实际上,几乎所有的编程语言中都有以上几个判断符号。

认识了这些操作符后,我们就可以来看一个稍微复杂点的例子了。

```
import random
num = random.randint(1, 10)
inputNum = 0
while(inputNum != num):
    inputNum = int(input("Please input your number:"))
    if inputNum < num:
        print("Lower!")
    elif inputNum > num:
        print("Upper!")
print("Right!")
```

这个例子是猜数字的游戏,一开始程序会生成一个1~10之间的随机整数,然后让用户输入猜测的数字,通过if判断猜测的数字(inputNum)和生成的整数(num)的大小,程序会给用户提示,如果输出"Lower!",就表示猜小了,如果输出"Higher!",就表示猜大了,如果输出"Right!",表示猜中,直到用户猜中程序才停止。

关于程序的第一、二两行,细节部分会在后续章节中讲解,读者现在只要知道这两行代码是用来生成随机数的就可以了。第四行while(inputNum != num)语句就很好地体现了不等号（!=）的作用之大。另外，关于elif需要重点说明一下，它是else if的简写（你会不会觉得就省略了两个字母，何必简写呢？但是，你要知道程序员们的工作量有时候是非常大的，所以少写一个字母也是好的，这也很好地体现了Python的简洁之美）。当if语句中的条件不满足时，程序就会跳过if语句后面本应执行的操作，转而去判断elif的条件是否满足。一般情况下，对于同一个变量进行判断时，if只有一个（惯例），放在开头，作为第一个条件，elif可以有多个，当所有的if和elif的条件都不满足时，程序会无条件地执行else后面的操作。

这里还想要强调一下，读者在键入代码时，一定要注意细节，比如符号、单词拼写、缩进等，并且，不论你键入什么内容（除了中文），都必须在英文环境下。

```
Please input your number: 1
Lower!
Please input your number: 5
Lower!
Please input your number: 9
Higher!
Please input your number: 7
Right!
>>>
```

上面是运行结果，猜了4次，猜到了结果7。读者如果想增加游戏的难度，可以把数字的范围扩大，你只需要修改上述代码的第二行。比如，你想把数字的范围变成1~99，就可以这样改：num = random.randint(1,99)。括号里面就是用来指定数字范围的。

最后，我们来总结一下已经学到的操作符，从==（不包括）往上是数学操作符，从==（包括）往下是比较操作符。

操作符	名称	功　　能
=	赋值	把值赋给一个变量
+	加	把两个数相加，或拼接两个字符串
−	减	把两个数相减
*	乘	把两个数相乘
/	除	两个数相除，Python 3.0默认它是一般意义上的除法，而非整除
%	取余	返回两个数相除得到的余数
**	求幂	得到一个数的幂次方

续表

操作符	名称	功能
==	相等	判断两个值是否相等
!=	不等	判断两个值是否不等
>	大于	判断左边操作数是否大于右边操作数
>=	大于或等于	判断左边操作数是否大于或等于右边操作数
<	小于	判断左边操作数是否小于右边操作数
<=	小于或等于	判断左边操作数是否小于或等于右边操作数

5.3 有多个限制条件怎么办

我们可以总结出来，第1节和第2节都是用if或者elif判断一个条件，然后执行相关操作。如果允许执行一个操作的前提是满足多个条件，那么该怎么办呢？这就需要一个关键字and，本节我们还要讲另外两个关键字or和not。

先来看and。我们还是用检票乘车来举例。

实际生活中，车站里有多个检票口，车票对出发地、目的地、出发时间都有限制（实际上，还有其他限制，但这里我们就取这三个限制条件已经能够说明问题了），并且我们假设一个检票口只检一种车票。

定义departure为出发地，destination为目的地，time为出发时间。and表示"且"，也就是只有当三个条件全部满足时，才会输出"Right!"，否则都输出"Wrong!"。看下面的代码：

```
while(1):
    departure = input("Please input your departure:")
    destination = input("Please input your destination:")
    time = input("Please input your departure time:")
    if departure == "A" and destination == "B" and time == "17:30":
        print("Right!")
    else:
        print("Wrong!")
```

```
Please input your departure: A
Please input your destination: B
Please input your departure time: 17:30
Right!
Please input your departure: B
Please input your destination: A
```

```
Please input your departure time: 8:30
Wrong!
Please input your departure:
```

注意：双等号（==）不要写错！还有，一定要保存文件哦！

下面我们来看or的用法。

or的意思是"或者"，也就是说，只要满足多个条件中的一个或多个，就输出"Right!"，只有当一个条件都不满足时，才输出"Wrong!"。

设定这样的场景，一个检票口可以检多个目的地的车票，假设其他条件都一样，那么我们就只要区分目的地即可。

```
or.py - C:/Users/Hefuzhen/AppData/Local/Programs/Python/Python36/...
File  Edit  Format  Run  Options  Window  Help
while(1):
    destination = input("Please input your destination:")
    if destination == "A" or destination == "B" or destination == "C":
        print("Right!")
    else:
        print("Wrong!")
```

```
== RESTART: C:/Users/Hefuzhen/AppData/Local/Programs/Python/Python36/or.py==
Please input your destination: A
Right!
Please input your destination: R
Wrong!
Please input your destination: B
Right!
Please input your destination: C
Right!
Please input your destination: G
Wrong!
Please input your destination:
```

当然，and和or也可以结合起来使用。

上面在讲or的时候，我们假设除了目的地外其他条件都一样，这里我们用and来保证其他条件都满足。

```
while(1):
    departure = input("Please input your departure:")
    destination = input("Please input your destination:")
    time = input("Please input your departure time:")
    if departure == "A" and time == "17:30" and (destination == "B" or destination == "C" or destination == "D"):
        print("Right!")
    else:
        print("Wrong!")
```

将and和or结合起来使用时，常常会用到括号，这是为了保证逻辑正确。比如，在上面的例子中，如果不加后面的括号，意思就变成了"同时满足出发地为A，且时间为17:30，且目的地为B，或目的地为C，或目的地为D"，但实际上我们要表达的并不是这个意思，目的地为B、C、D这三个条件是并列的，只要满足其中一个即可，所以为了保证逻辑的正确性，必须加上括号，这样只要有一个目的地正确，就满足目的地要求。

```
Please input your departure: A
Please input your destination: B
Please input your departure time: 17:30
Right!
```

读者可以输入不同的用例，对结果进行比较。

最后讲not。其实not我们用得比较少，所以就用一个简单的例子介绍一下，读者了解即可。

```
a=int(input("Enter a:"))
print(a)
if a==12:
    print(a)
else:
    print("Wrong!")
```

第三行代码如果用not来表示的话，就要变成if not a != 12，双重否定才等于肯定。

```
a=int(input("Enter a: "))
print(a)
if not a != 12:
    print(a)
else:
    print("Wrong!")
```

长知识啦

❖ 学会了用if进行条件判断。

❖ 认识了比较操作符。

❖ 会将and和or结合起来用于对多个限制条件进行判断，了解了not。

本章习题

1. 假设你是老师，你需要根据分数给学生评等第：0~59为不及格（Fail），60~79为良好（Good），80~100为优秀（Excellent）。请编写一个程序，在输入分数后给出该分数对应的等第。

2. 现在有另一个奇怪的老师，他喜欢十位数为偶数的分数，于是他决定给所有分数的十位数为偶数的学生优秀等第，为奇数的就给不及格等第（比如，9，42，68为优秀；19，32，58为不及格）。请编写一个程序实现上述功能，要求程序尽可能简洁，最好只有一个判断语句。

3. 编写一个程序，用户需要输入正确的密码才会受到欢迎：当输入的密码正确时，输出"Welcome, my friend."。当输入的密码错误时，输出"Sorry, who are you??"。

第6章 循环

第5章讲的是判断，我们用检票乘车这个例子进行了讲解，并且设定了不同的场景，讲述了不同的内容。读者一定已经学会了用if进行条件判断，也认识了各种常见的操作符（不记得的话可以去查表）和and、or、not。上一章中很多程序的开头或是中间，都有一行代码是while(1)，实际上这是用来实现循环的。这一章我们将开始讲循环操作，解决大家在上一章中的疑问。

循环，不难理解，就是重复做一件事。对于人来说，周而复始地做同一件事肯定会感觉很枯燥，但对于计算机来说，这却是它最擅长做的事之一。

我们把循环分为两类：一类是计数循环，也就是循环的次数是给定的；另一类是条件循环，就是操作会一直重复下去，直到某个情况发生，具体来说就是，当while( )的括号里的条件判断为假（False）时才停止循环。

下面我们就先认识一下计数循环。

6.1 计数循环

计数循环通常也被称为for循环,因为它是用for关键字来实现的。下面我们来看一个简单的例子。

```
>>> for i in [1, 2, 3, 4, 5, 6]:
        print("Hello World!")
Hello World!
Hello World!
Hello World!
Hello World!
Hello World!
Hello World!
>>>
```

这个例子你可以在文本编辑窗口(File -> New File)中进行编辑,保存后按"F5"运行。当然,你也可以直接在IDLE窗口中键入,当你把第二行代码输入后需要按两次"Enter"键,因为当你按第一次时,Python还不知道这个以for开头的代码块已经结束了,当你按了第二次"Enter"键后,Python才知道代码块已经结束了,才会开始运行。

看一下代码。第一行,for是计数循环开始的标志,i是循环变量,in的意思是在某个范围之中,后面的中括号里面的数字就是循环的次数。第二行大家很熟悉了,是我们学过的第一个指令。因此,这段代码就是把"Hello World!"打印6遍。

为了让读者更加深入地了解for循环的工作机制,我们把这个循环拆开来看,搞清楚它是怎么打印出6个"Hello World!"的。

(1)循环变量i被赋值为1,进行第一次循环,执行循环体中的print操作,打印一次"Hello World!";

(2)循环变量i被赋值为2,进行第二次循环,执行print操作,打印一次"Hello World!";

……

下面的步骤你一定会写了。

所以,循环变量i被赋值了几次就循环了几次,而被赋值的次数则是由in后面的中括号里数字的个数来决定的。那有人会问了:既然你说是由数字的个数决定的,那是不是跟数字是多少没关系呢?确实是没关系的!实际上,中括号里的值的类型也可以不一样,只要它是一个常量即

可。例如，

```
>>> for j in [12, 2.44, "f", 1, "qs"]:
        print(j)
        print("Hello World!")


12
Hello World!
2.44
Hello World!
f
Hello World!
1
Hello World!
qs
Hello World!
>>>
```

为了让读者更加直观地了解循环操作的执行过程，我把每一次打印时循环变量 j 的值也打印了出来。这样就能充分证明，循环次数跟中括号里的值确实没关系。

虽然说循环次数跟循环变量的值是无关的，但程序员们还是会给 i、j、k 这样的循环变量赋连续的整数值，并且通常情况下，这些连续的整数值是从 0 开始的。

关于上面这段话，读者大概会有三个疑问。莫慌，待我为你一一解答。

（1）循环变量跟普通变量有什么不同吗？为什么是 i、j、k 呢？

循环变量跟普通变量没有本质的区别，叫它循环变量只是因为它是用来实现循环功能的，我们也会将其称为循环计数器。至于为什么给它取名为 i、j、k，这只是一种习惯。程序员们对此心照不宣，这是流传下来的一种不成文的规则，而且，通常 i、j、k 都只会用作循环变量，不会用在其他场景下。

（2）为什么要给循环变量赋连续的整数值？

在回答问题（1）的时候，我们提到循环变量又称循环计数器，既然叫"计数器"，就应该起到计数的作用。那我们在计数的时候，应该都是 1，2，3，4，…这么数吧。你可能会说，我不用它来计数，可以数 in 后面的中括号里有几个数。实际上，在绝大多数情况下，我们事先是不知道循环次数的，很可能是用户输入的，或是通过其他途径获得的。而这个循环次数通常是需要去获得并用在程序中的其他地方的，所以我们很有必要给它赋连续的整数值以获得最终的循环次数。

（3）为什么连续的整数值是从0开始的，而不是从1开始的？

在回答问题（2）的时候，我们说到在平时计数的时候都是1,2,3,4,…这么数的，那为什么这里我要说一般从0开始数呢？事实上，从0开始还是从1开始，并没有太大关系，而且，很多时候要视具体情形而定，一般从0开始是因为很多程序员都是这样做的，而且很大一部分原因是后面要学到的数组的下标是从0开始的，而循环变量在数组中应用得非常多。但是，我还是要说一下，你选择从1开始的话，没有任何问题。唯一需要注意的是循环次数，如果 i 从0 开始计数的话，最终的循环次数就是i+1，如果从1开始计数的话，循环次数就是i。

在知道了最基本的循环怎么写之后，我们就要来思考一个问题：第一个例子是我们在in后面的中括号中手动输入连续的值，相当于人为地设定循环次数。那如果循环次数很多，比如我希望循环100次，是不是要手工输入1到100呢？肯定不是！这样是不现实的，于是Python为我们提供了range( )函数来解决这个问题。

6.2 range( )是个好帮手

range( )函数是个好帮手，它替程序员解决了手工输入大量数据的麻烦。利用range( )函数设定循环次数时，只需要在括号里输入两个值，左边是起始值，右边是结束值。range( )会创建一个由介于这两个值之间的整数组成的列表。看下面这个例子就明白了。

```
>>> for i in range(0,5):
        print(i)
```

0
1
2
3
4
\>>>

i的值是0到4，这说明0 ≤ i < 5，也就是取到起始值，但取不到结束值，这就是range( )的工作机制。

当然，你也可以把5改成100试试看，Python会输出0到99这100个数。

上面讲到当我们需要循环很多次时，range( )为我们提供了便利。还有一种情况是我们必须要用到range( )，因为简单的中括号已经替代不了range( )了。

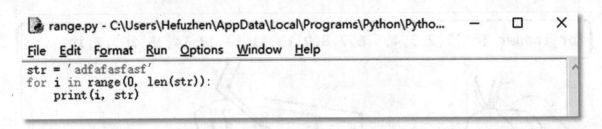

第一行代码定义了一个字符串str，接下去的for循环体做了一件什么事情呢？看下面的运行结果：

=RESTART: C:\Users\Hefuzhen\AppData\Local\Programs\Python\Python36\range.py=

0 adfafasfasf
1 adfafasfasf
2 adfafasfasf
3 adfafasfasf
4 adfafasfasf
5 adfafasfasf
6 adfafasfasf
7 adfafasfasf
8 adfafasfasf
9 adfafasfasf
10 adfafasfasf
\>>>

从运行结果可以看出，循环打印了11次字符串str。那这个11从哪儿来的呢？肯定是range( )函数确定的。那我们就来仔细看看range( )函数。根据上面对range( )的功能描述，range(0, len(str))应该是确定循环变量i的范围，即0 ≤ i < len(str)。既然循环打印了11次，那很显然，len(str)应该是11，对吗？实际上，len是英文单词 length 的前三个字母，所以len( )函数就是用来求字符串长度的。所谓字符串长度，就是字符串包含的字母的个数（一个汉字的长度为两个字符，一个英文字母、数字、空格的长度为一个字符）。

为什么说在这种情况下，中括号替代不了range( )呢？因为，我们通常不会去数字符串的长度，而且实际上，绝大多数情况下我们甚至不知道字符串到底是什么样的，更谈不上去数它有多少个字母了，并且，如果字符串很长，比如一篇文章，你还会去数吗？像数数这种事情不是应该交给计算机去完成吗？我们必须承认，在这方面，计算机比我们人强得多。

关于range( )，我们还需要继续学习它的一些其他功能。

前面的例子中range( )有两个参数，即起始值和结束值。实际上，你可以只设一个结束值，但前提是，你确实是想让循环变量从0开始，并且每次增加1，直到比结束值小1为止，因为这是range( )只有一个参数时默认进行的操作。也就是说，range(5)和range(0, 5)是等价的。

另外需要说明的是，range( )函数可以有三个参数，就是括号里可以给三个数。除了起始值，和结束值，还有一个数是干吗的呢？

读者有没有发现，在前面关于range( )的所有例子中，每循环一次，循环变量就增加1，我们把增加的量称为步长。那么，步长为2，3，4，…的情况该怎么做？就是利用第三个数来实现。看下面这个例子。

```
>>> for i in range(0, 10, 2):
        print(i)
        
0
2
4
6
8
>>>
```

很简单，就是打印了0到10（不包括10）的所有偶数。如果要打印奇数呢？读者可以自己尝试一下哦。

如果想要反向计数呢？这个时候，起始值就要比结束值大，并且步长要变成负数。

```
>>> for i in range(10, 0, -2):
        print(i)

        
10
8
6
4
2
>>>
```

这个例子我一开始的本意是想让Python打印8，6，4，2，0的，但是犯了个错误，读者可以找到错误原因并改正过来吗？不要忘记我们一开始就讲到的range( )的工作机制哦！

其实，关于range( )函数，到这里已经介绍得差不多了，但我还想再说一点。

我们曾经讲过for循环又称计数循环，上面所有例子中为循环变量赋的值都是数字，那能不能给循环变量赋其他的值呢？答案是可以的。

```
>>> for student in ["Peter","Jenny","Helen","Nancy"]:
        print(student)

        
Peter
Jenny
Helen
Nancy
>>>
```

这个例子就是为循环变量student赋字符串类型的值。读者可能会好奇，既然循环变量都不是数字了，那这就不是计数循环了？其实不然，即使你给循环变量赋的值不是数字，Python在输出的时候还是需要通过计数来判断到底需要输出几次。至于Python是如何判断的，读者无须深究，只需知道有这个过程即可。

最后还有一个微小的注意点。这个例子中的循环变量没有用i、j、k中的任何一个，因为这里给循环变量赋的值并不是数字。换句话说，一般我们给循环变量赋的值为数字时，会用i、j、k，其他情况下，还是遵循"见名知义"的原则来取名字。

到此为止，关于for循环的内容讲解结束。思考一下，使用for循环的一个必需的前提条件是什么？是循环的范围已知。这是非常重要的一点，也是把for循环与while循环区分开的一个根本原因。也就是说，当我们不知道循环的范围时，通常就会用while循环。

6.3 while循环

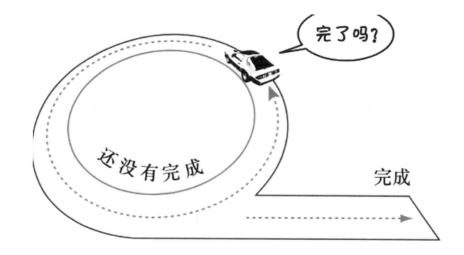

while循环又称条件循环,和for循环本质上的不同就是,它不是通过统计运行次数来进行循环的,而是去不断地判断一个条件的真假,只要条件为真就会一直循环,直到条件为假才会停止。你是不是会有疑问:难道条件是变化的吗?答案是肯定的。

我们先通过一个简单的例子来认识一下while循环。

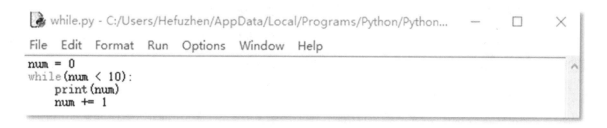

=RESTART: C:/Users/Hefuzhen/AppData/Local/Programs/Python/Python36/while.py=
0
1
2
3
4
5
6
7
8

　　　　　9
　　>>>|

　　从运行结果可以很明显地看出这个程序的功能，不再赘述。

　　第一行代码定义了一个初始值为0的变量num。第二行代码是关键，意思是当num<10判断为真时才执行循环体，否则不执行。读者是否还记得我们在讲判断操作符的时候有一个例子，在交互模式下直接输入0<10会得到什么结果？应该是True，对吧。反过来，输入0>10就会输出False。True代表条件为真，False代表条件为假。而while( )的工作机制就是，每次循环都先判断括号里的条件判断表达式的真假，若为真，则执行循环体内的代码，若为假，则不执行循环体，终止循环。具体到每一个步骤来讲：

　　（1）num = 0，小于10，条件判断为真，执行循环体，打印num，并使num增加1，于是num = 1；

　　（2）num = 1，小于10，条件判断为真，执行循环体，打印num，并使num增加1，于是num = 2；

　　　　……

　　（9）num = 9，小于10，条件判断为真，执行循环体，打印num，并使num增加1，于是num = 10；

　　（10）num = 10，等于10，条件判断为假，不执行循环体，终止程序。

　　读者需要记住的是，while( )循环不是顺序执行的程序。所谓顺序执行，就是一行一行地按顺序执行代码。但while( )循环每执行完一次循环体中的代码，都会返回去重新判断条件的真假，在事先没有被告知循环次数的情况下，为了知道循环什么时候终止，while( )必须这样做。

　　while( )的基本语法讲完了，但我想提出一个思考：for循环和while( )循环两者之间可以互相转换吗？答案是可以的，但只有在一定条件下才行得通。我们一起来分析一下什么条件下它们才能转换。

　　我们说过把for循环和while( )循环区分开的一个重要条件是循环的范围是否已知，也就是说for循环一般用于范围已知的情况，而while( )循环则相反。但是，从上面那个while( )循环的例子你是否可以看出，它其实是可以改写成for循环的。至于怎么改写，读者可自行完成。也就是说，虽然上面那个例子是用while( )完成的，但是它的循环范围其实是已知的。因此，在范围已知的情况下，for循环和while（ ）循环都是可以的；在范围未知的情况下，一般就用while（ ）循环。

6.4 晕了？跳出来（break/continue）

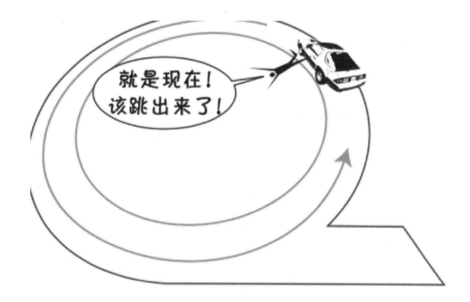

上面的例子都是循环到事先设定的范围边界，或是直到条件判断为假才终止，但是在很多情况下，尤其是在不知道循环范围的时候，当我们已经得到想要的结果时，很可能中途就希望循环终止，这时候就需要用到break和continue这两个关键字了。

continue的意思是"继续"，break的意思是"中断"。我想把它们放在一起讲，因为很多程序员都经常把它们搞混。读者先记住两个单词的释义，带着它们的意思来看下面的例子。

```python
for i in range(1, 10):
    print(i)
    if(i % 3 != 0):
        continue;
    print("It can be divided by three.")
```

```
RESTART: C:/Users/Hefuzhen/AppData/Local/Programs/Python/Python36/continue.py
1
2
3
It can be divided by three.
4
5
```

```
6
It can be divided by three.
7
8
9
It can be divided by three.
>>>
```

```
break.py - C:/Users/Hefuzhen/AppData/Local/Programs/Python/Pytho...
File  Edit  Format  Run  Options  Window  Help
for i in range(1,10):
    print(i)
    if(i % 3 != 0):
        break;
    print("It can be divided by three.")
```

```
= RESTART: C:/Users/Hefuzhen/AppData/Local/Programs/Python/Python36/break.py
1
>>>
```

除了continue和break这两个单词外，可以说这两个程序几乎相同，但输出的结果却大相径庭。

第一个程序的最后一行"print ('It can be divided by three.')"（意思是这个数可以被3整除）只执行了三次，分别是i = 3，6，9的这三次。我们一步步地分析一下这个程序：

（1）i = 1，打印i，判断i % 3 != 0为真，执行continue语句，跳过循环体内余下的所有操作，提前进入下一次循环；

（2）i = 2，打印i，判断i % 3 != 0为真，执行continue语句，跳过循环体内余下的所有操作，提前进入下一次循环；

（3）i = 3，打印i，判断i % 3 != 0为假，不执行continue语句，继续执行循环体内余下的所有操作，打印"It can be divided by three."；

……

剩下的我就不赘述了，和上面是一样的。

再来看一下break是如何工作的。

i = 1，打印i，判断i % 3 != 0为真，执行break语句，提前结束所有循环，程序结束。

从上面的分析来看，continue和break的区别是很明显的：continue的作用是使得本次循环跳过循环体内continue之后的所有操作，提前进入下一次循环；而break是直接终止它所在的那层循环体，此后的所有循环都不再执行。

很多程序员并不经常在程序中使用continue和break，他们认为这两个关键字会使得程序的逻辑结构变得混乱，可读性变差。但是，不可否认的是，如果你能恰当地利用它们，可能会在很大程度上提高程序的效率。所以，用或不用都取决于你自己。

6.5 嵌套循环

所谓的嵌套循环，不只是循环之间的嵌套，判断和循环之间也是可以嵌套的，并且两种嵌套的应用都是十分常见且重要的。

在第4节中我们已经见到了最简单的两层嵌套：for里面嵌套if。下面举个if里面嵌套for的例子。

```python
inputNum = int(input("Please input a positive number:"))
if(inputNum > 0):
    for i in range(1, inputNum):
        print(i)
else:
    print("This number is less than or equal to zero.")
```

```
RESTART: C:/Users/Hefuzhen/AppDate/Local/Programs/Python/Python36/if-for.py
Please input a positive number: 4
1
2
3
>>>
RESTART: C:/Users/Hefuzhen/AppData/Local/Programs/Python/Python36/if-for.py
Please input a positive number:0
This number is less than or equal to zero.
>>>
```

这个例子是输出比用户输入的数字小的所有整数，前提是用户必须输入正数。因此，程序要先用if对用户输入的数字进行判断，满足正数条件的才用for循环输出比它小的数；若不满足，则不循环。

再看看for里面嵌套for的情况,这在日常的编程中是很常用的,读者对此应格外重视。

```
for i in range(1, 10):
    for j in range(1, i + 1):
        print(i , "*", j, "=", i*j)
```

这个程序的结果我就不贴出来了,因为实在太长。

在讲上面这个程序之前,我们首先要明确一点:range( )函数的参数可以是变量吗?在这个例子里,第二行代码中的range( )函数的第二个参数显然是变量,因为i本身就是个变量,i + 1肯定也是变量。既然程序能够正常运行,那一定是可以的喽!你可以这样理解,第一层for循环中,i的值实际上已经确定了,于是在程序运行到第二层的时候,i的值就是第一层中已经有的值。实际上,第二层循环保证了j不会比i大。我们来具体分析一下程序运行的每一个步骤:

(1) i = 1,j = 1,打印 1 * 1 = 1;
(2) i = 2,j = 1,打印 2 * 1 = 2;
(3) i = 2,j = 2,打印 2 * 2 = 4;
(4) i = 3,j = 1,打印 3 * 1 = 3;
(5) i = 3,j = 2,打印 3 * 2 = 6;
……

读者一定可以写出后面的步骤了,并且,你一定也看出来了,这就是打印了整个乘法口诀表。这是大部分程序员在学习循环的时候都会做的一件事。但是看运行的结果好像不太满意,没有我们见到的乘法口诀表那么规整,对吧?

那我们就对源程序做一些改变,让它变得规整。

```
for i in range(1, 10):
    for j in range(1, i + 1):
        if(i != j):
            print(i , "*", j, "=", i*j, " ", end = "")
        else:
            print(i , "*", j, "=", i*j)
```

我们在最内层的for循环中加入了if判断,也就是当两个乘数相等时,就换行打印,否则就打印在一行内（由end=''来实现）。这样的结果是不是就是你最初见到的那个乘法口诀表呢?

```
>>>
RESTART: C:\Users\Hefuzhen\AppData\Local\Programs\Python\Python36\for-for-if.py
1*1=1
2*1=2 2*2=4
3*1=3 3*2=6 3*3=9
4*1=4 4*2=8 4*3=12 4*4=16
5*1=5 5*2=10 5*3=15 5*4=20 5*5=25
6*1=6 6*2=12 6*3=18 6*4=24 6*5=30 6*6=36
7*1=7 7*2=14 7*3=21 7*4=28 7*5=35 7*6=42 7*7=49
8*1=8 8*2=16 8*3=24 8*4=32 8*5=40 8*6=48 8*7=56 8*8=64
9*1=9 9*2=18 9*3=27 9*4=36 9*5=45 9*6=54 9*7=63 9*8=72 9*9=81
```

讲到现在，嵌套循环已经不需要再分类描述了。不管是if、while、for，还是break、continue，都是可以组合起来使用的，它们放在哪里，取决于你设计的代码的逻辑。在这一章的习题中，会有一些小题目让你更加熟悉以上这五个关键字。

❖ 知道了循环是什么。

❖ 认识了四个关键字for、while、break、continue。

❖ 能够把以上四个关键字以及if组合起来，完成比较复杂的逻辑。

1. 使用循环完成第1章第3题。

2. 编写一个程序用于显示一个数的乘法表，并向用户询问输入哪个数。输出示例如下：

```
Please input the num you want: 7
7*1=7
```

```
7*2=14
7*3=21
7*4=28
7*5=35
7*6=42
7*7=49
7*8=56
7*9=63
>>>
```

3. 循环有for和while两种。若上一题你使用for实现,那么试着用while完成同样的工作;反之,使用for。

4. (思考)现在我手上有一张100元的纸币,但是平时坐地铁很不方便,我希望将其兑换成若干10元、5元、1元的零钱。请编写程序求出所有的兑换方式并输出,统计所有可能情况的数量并输出,要求每种兑换方式中10元、5元、1元面值的零钱至少有一个。

第7章 列表与字典

上一章中我们一起学习了循环，对for循环、while循环都有了比较熟练的掌握，最后学会了打印乘法口诀表，打印这个表的时候我们用到了两个循环变量，分别是i和j，它们都是用来存储整数的，也就是整型变量。

借此回忆一下，在第2章中，我们认识了两种数据类型：字符串和数字。当时提及Python的标准数据类型有五种，分别是Numbers（数字）、String（字符串）、List（列表）、Tuple（元组）、Dictionary（字典）。那么，本章我们就要来学习后面三种数据类型了。

7.1 列表的定义

什么是列表？我相信你一定知道表格，你完全可以把这里的列表理解成一行N列的表格。至于N行N列的表格我们会在第3节中讲述。

举个例子，当我问你这学期你有几门课程的时候，你应该会说：语文、英语、数学、政治、历史、地理、生物……这就是列表，那么在Python中该怎么写呢？

```
>>> lessons=['Chinese','English','Math','Politics','History',
'Geography','Boilogy']
```

这样就创建了一个lessons列表，存储了你所要学习的课程名称。需要说明的是，Python中用中括号（[ ]）来存储列表中的元素。所谓元素就是列表中的单个个体，它们之间用逗号隔开，也可称之为项。

你可以把列表打印出来，看看和你输入时写的格式是否一样。

```
>>> print(lessons)
['Chinese','English','Math','Politics','History','Geography',
'Boilogy']
>>>
```

上面lessons列表中的元素都统一是字符串类型的，那可不可以是其他类型的呢？可不可以各个元素之间类型不一样呢？当然都是可以的!

```
>>> list1=[1,2,'Math',0.12,lessons]
>>> print(list1)
[1,2,'Math',0.12,['Chinese','English','Math','Politics','History','Geography','Boilogy']]
>>>
```

在新创建的列表list1中，元素类型包括了整型、浮点型、字符串，以及列表类型lessons。列表里面也可以包含列表呢！看打印出来的结果也能明白，中括号里还有个中括号，里面就是lessons列表的元素。

事实上，虽然列表里面的元素可以是不同类型的，但是，程序员们在使用它的时候，都是用来存储同类型元素的，因为这样列表的功能更能体现它的价值。

7.2 对列表进行操作

在第1节中我们介绍了列表的定义，并学会了创建列表。第2节我们将开始学习如何对列表中的元素进行操作。基本的操作包括：增、删、改、查和排序。前面四个是最常用的。下面就依次讲述一下这几个操作的具体实现细节。

7.2.1 增

"增"是指向列表中增加元素。"增"分两种情况:一种是原来是空的,要从0开始往里面添加;另一种是原来不是空的,而是在已有的基础上进行添加。

首先,不管是不是空的,都要先有一个已定义好的列表。这很容易理解,你要加饭,不管你的碗里是不是原来就有饭,你都要有一个碗,对吗?

```
>>> lessons=[]
>>> lessons.append('Chinese')
>>> print(lessons)
['Chinese']
>>>
```

这是第一种情况。最开始定义的那个空列表就是一个"空碗",里面没有任何元素。第二行就是往里面添加元素,这里用到了append()函数。需要说明的是,append()函数只能有一个参数,也就是一次调用只能添加一个元素,并且只能添加在列表的末尾,不管你要增加多少个元素,都必须一个一个地添加。

那你肯定会问,我想批量增加怎么办呢?或者,我想在列表的中间某个位置增加元素,怎么办?

先解决批量增加的问题。这里用到的函数是extend( )。

```
>>> lessons=['Chinese']
>>> lessons.extend(['English','Math'])
>>> lessons
['Chinese','English','Math']
>>>
```

extend( )函数的参数本身就是一个列表,你可以把所有你想添加的元素都写在里面,然后extend( )会帮你把这些元素一股脑儿地全添加到原来列表的最后一个元素的后面,形成一个新的列表。这就是批量增加。

我们试着用append( ),看能不能达到extend( )的效果。

```
>>> lessons.append(['English','Math'])
>>> lessons
['Chinese',['English','Math']]
>>>
```

我们发现,列表里面增加了另一个列表。也就是说,append( )把整个列表当成了一个元素添加到了lessons里面,与extend( )的作用是完全不一样的。前者只是把['English','Math']当成一个独立的元素,而后者能够识别出"English"和"Math"两个元素,从而达到真正的添加效果。

但是,不管是单个增加还是批量增加,都只能在列表的最后增加,如果要在列表的中间某个位置增加元素,就要用到insert( )函数了。

```
>>> lessons=['Chinese','English','Math']
>>> lessons.insert(2,'Politics')
>>> lessons
['Chinese','English','Politics','Math']
>>>
```

insert( )函数有两个参数,第一个参数是指定你想插入的位置,第二个参数就是要插入的元素。那么上面的代码第二行就是要把"Politics"插入lessons列表的第二个位置。但是最后输出的结果中,"Politics"明显是在第三个位置,并不在第二位置,这是读者要特别留意的地方。Python中,列表里元素的位置是从0开始编号的。实际上,在大多数编程语言中,列表(或是其他叫法,但性质一样)中的元素都是从0开始存储的。

之所以从0开始存储，是因为计算机的内存都是由一个一个的比特位（很多个0或1）构成的。为了不让宝贵的内存被浪费，人们在存储数据的时候，都会从第一个比特位（即0），开始存储。所以，如果你要在列表的第i个位置添加一个元素，那代码中就要写 i - 1个位置。元素在列表中的位置，我们称之为索引，英文是index。也就是说，列表里第i个元素的索引是i - 1。

7.2.2 删

有三种方法可以帮助我们从列表中删除元素，分别是del关键字、remove( )和pop( )函数。del关键字是删除指定位置的元素。

```
>>> del lessons[2]
>>> lessons
['Chinese','English','Math']
>>>
```

我们删除了第三个位置的元素，也就是索引为2的元素。

如果给出的索引超出了列表的总长度，就会报错，提示索引越界。

```
>>> del lessons[5]
Traceback (most recent call last):
  File "<pyshell#11>",line 1,in <module>
    del lessons[5]
IndexError: list assignment index out of range
>>>
```

remove( )函数是删除指定的元素。

```
>>> lessons.remove('Math')
>>> lessons
['Chinese','English']
```

>>>

使用remove( )函数的前提是,你知道列表中有要删除的这个元素。如果没有这个元素,就会报错。Python会告诉你,该元素不在列表中。

```
>>> lessons.remove('Math')
Traceback (most recent call last):
  File "<pyshell#14>",line 1,in <module>
    lessons.remove('Math')
ValueError: list.remove(x): x not in list
>>>
```

pop( )函数是从列表中删除某个元素,并把这个元素返回给你。

如果不给pop( )函数传参数,就默认删除并返回最后一个元素。

```
>>> lessons.pop( )
'English'
>>> lessons
['Chinese']
>>>
```

也可以给它传参,就是把要删除的元素的索引给它。

```
>>> lessons.pop(0)
'Chinese'
>>> lessons
[]
>>>
```

注意:这里给的索引也不能超过列表的长度。

"不能超过列表的长度"这句话我们已经提到了很多次,那读者可能要问:我怎么提前判断要删除的元素是不是在列表里,或者,判断我提供的索引是不是真的超过列表长度?

首先,判断某个元素是否在列表中用in关键字。

```
>>> lessons=['Chinese','English','Math']
>>> 'Chinese' in lessons
True
>>> 'Politics' in lessons
False
>>>
```

'Chinese' in lessons是一个逻辑表达式。若"Chinese"在列表中，则返回True；否则，返回False。

要获得列表的长度，用len( )函数，参数就是列表名。

>>> len(lessons)
3
>>>

这里返回的值就是列表的长度，而不是列表中最后一个元素的索引。具体地讲，一个有n个元素的列表，它的长度就是n，最后一个元素的索引是n–1。

7.2.3 改

修改元素是利用索引来实现的，但有个前提，修改的元素必须是已经在列表中的，如果不在列表中，就变成增加元素了。

>>> lessons[1]='Politics'
>>> lessons
['Chinese','Politics','Math']
>>>

7.2.4 查

查询列表分两种情况，一个是查询某个位置的元素是什么，另一个是查询某个已知元素在

列表中的索引。

查询某个位置的元素，直接通过索引把元素取出来即可。

```
>>> lessons[1]
'Politics'
>>>
```

如果想把列表中的每个元素都取出来呢？就要用到第4章中的for循环了。

```
>>> for lesson in lessons:
        print(lesson)

Chinese
Politics
Math
>>>
```

查询已知元素在列表中的索引，用的是index( )函数。

```
>>> lessons.index('Politics')
1
>>>
```

7.2.5 排序

列表是一种有先后顺序的数据集合类型。你可能想要一个有序的列表，这时候就要用到排序函数sort( )。

```
>>> lessons.sort( )
>>> lessons
['Chinese','Math','Politics']
>>>
```

lessons原来的顺序是['Chinese','Politics','Math']。

sort( )函数是对列表中元素按从小到大的顺序进行排序。如果列表里的元素是数字，就按数字大小升序排列；如果是字符串，就按字母顺序升序排列，按首字母大小排序，首字母相同的按第二个字母大小排序，依此类推。若要降序排列，则需要给sort( )函数赋一个参数。

```
>>> lessons=['Chinese','Politics','Math']
>>> lessons.sort(reverse=True)
>>> lessons
['Politics','Math','Chinese']
>>>
```

需要着重强调的是，sort( )函数是原地修改列表。所谓"原地修改"，就是不另外开辟一块与原列表同样大小的内存空间，把排序好的新列表放在新内存中，而是直接在原列表上进行元素位置的调换。

举个例子，假如你现在想把三个杯子里的水调换一下顺序，你可以另外拿三个杯子来，把原来杯子里的水按要求的顺序倒在新的杯子里；你也可以只拿一个杯子作为辅助，直接用原来的杯子就可以完成调换。sort( )函数就是采用第二种方法完成排序的，因此，排序完成后没有产生新的列表空间。如果你想采用第一种方法的话，就需要申请一段新的列表空间，按要求的顺序，把元素一个个地赋值到新列表中，这样原列表就不会发生改变。

你可能会问，水倒在新的杯子里，原来的杯子就空了啊，怎么没改变呢？问得非常好。这就要用到我们学过的有关变量的知识来解释了 —— 一杯水只能同时给一个杯子，而一个值可以同时赋给不同的变量，对吗？

至此，读者思考一下这样一个问题：这种保留原数据的做法有必要吗？当然有必要！"备份"是非常好甚至是必须具备的一个习惯。但前面提到的做法，并不是我们常规意义上的"备份"。备份通常是将原数据复制一份，然后再修改，不管是在原数据上还是在复制的数据上修改，你都已经有一份保存完好的历史数据了。这样可以在很大程度上防止历史数据丢失。

下面我们就用"备份"的方式再试一下。

```
>>> new_Lessons=lessons
>>> new_Lessons.sort()
>>> new_Lessons
['Chinese','Math','Politics']
>>> lessons
['Chinese','Math','Politics']
>>>
```

好像不太对劲。我明明只对new_Lessons排序了，怎么连同lessons都变了？问题的答案要从源头找，第一步复制的时候是不是出错了？我们把lessons赋给了new_Lessons，这只是给['Chinese','Politics','Math']这个列表又取了个名字而已,并没有开辟新的内存。还记得"商品标签"的例子吗?这只是又抄了一个标签,贴在了同一个商品上。

要做到真正的复制,应该这样写:

```
>>> lessons=['Chinese','Politics','Math']
>>> new_Lessons=lessons [:]
>>> new_Lessons.sort()
>>> lessons
['Chinese','Politics','Math']
>>> new_Lessons
['Chinese','Math','Politics']
>>>
```

这才是真正的备份操作,利用了分片记法。"复制"与"赋值"的区别就是lessons后面的[:],[:]表示"把原列表中所有的元素值复制到另一段新的内存中,形成一个新的列表",这两个列表除了每个元素的值相同之外,没有其他联系。接下来,你就可以毫无顾忌地在其中一个列表上操作了,而不必担心历史数据的丢失。

当然了,如果你不需要复制全部的元素,也可以指定复制的起始位置。

```
>>> lessons1=lessons [1:3]
>>> lessons1
['Politics','Math']
>>>
```

[:]中":"前面是起始下标,后面的是终止下标,并且从上面的例子中也可以看出,复制的时候是包含起始下标所在元素,而不包含终止下标所在元素的。

另外,Python还提供了一种非常简便的方法,可以得到一个新的有序列表而不影响原列表的元素。

```
>>> lessons
['Chinese','Politics','Math']
>>> new_Lessons=sorted(lessons)
>>> lessons
['Chinese','Politics','Math']
>>> new_Lessons
['Chinese','Math','Politics']
>>>
```

就是利用sorted( )函数，把原列表lessons作为实参传递给它，该函数就会自动完成上面的操作——先复制再排序。之所以不直接讲sorted( )函数，而要先把复制操作告诉大家，是因为复制之后还可能会做排序以外的其他操作，这时候就不能用sorted( )了。

关于列表及其基本操作介绍完毕。

不管是什么操作，列表是可以改变的，就是说它是属于第2章中的"变量"，而元组（tuple）则属于不可改变的"常量"。对元组只能进行查询操作，上述其他操作均不可行，一旦你创建了一个元组，它就会一直保持不变，直至被回收。

```
>>> tupleLessons=('Chinese','Math','Politics')
>>> tupleLessons.sort()
Traceback (most recent call last):
  File "<pyshell#21>",line 1, in <module>
    tupleLessons.sort()
AttributeError:'tuple' object has no attribute 'sort'
```

7.3 双重列表

前面讲的列表都是一重列表，可以用一维表来表示。

而我们通常见到的二维表则要用双重列表来表示。

	Chinese	Politics	Math
Nancy	98	90	95
Helen	95	91	93
Mike	96	92	98

显然，该二维表的行表示的是每个学生各门学科成绩，而列表示的是每门课各个学生的成绩，整个表就是班级成绩表。那这个表在Python中该怎么表示呢？

```
>>> NancyGrade=[98, 90, 95]
>>> HelenGrade=[95, 91, 93]
>>> MikeGrade=[96, 92, 98]
>>> studentGrade=[NancyGrade, HelenGrade, MikeGrade]
>>> studentGrade
[[98, 90, 95], [95, 91, 93], [96, 92, 98]]
>>>
```

前三行创建了每个学生的成绩表，第四行把三个成绩表作为元素赋给了studentGrade表。所以，我们是创建了一个"列表的列表"，即双重列表。上述例子还可以这样写：

```
>>> stuGrade=[[98, 90, 95], [95, 91, 93], [96, 92, 98]]
>>> stuGrade
[[98, 90, 95], [95, 91, 93], [96, 92, 98]]
>>>
```

就是直接把每个表作为元素写在stuGrade表中。

按照上面的方法，实际上，我们可以建立多重列表，至于几重，视情况而定。

```
>>> classGrade=[[[98, 90, 95], [95, 91, 93], [96, 92, 98]], [[94, 89, 97], [95, 88, 89], [96, 97, 93]], [[93, 95, 99], [94, 91, 96], [96, 86, 94]]
>>>classGrade
[[[98, 90, 95], [95, 91, 93], [96, 92, 98]], [[94, 89, 97], [95, 88, 89], [96, 97, 93]], [[93, 95, 99], [95, 91, 96], [96, 86, 94]]]
>>>
```

以上是三个班级的成绩表，为三重表。我们用得最多的还是双重表。对于双重表，同样也可以进行增、删、改、查、排序的操作。下面以stuGrade为例一一讲解。

7.3.1 增

在普通列表中增加元素用的是append( )、extend( )和insert( )，那么在双重列表中是否同样适用呢？我们一一来看。

```
>>> stuGrade=[[98, 90, 95], [95, 91, 93], [96, 92, 98]]
>>> stuGrade.append(90)
>>> stuGrade
[[98, 90, 95], [95, 91, 93], [96, 92, 98], 90]
>>>
```

实际上，这个例子不太对劲，最后那个突兀的"90"只是个单独的分数，不是列表，也就是说，它跟其他元素的类型不一致。这就牵扯出一个重要的问题：列表中的元素类型是否一定要一致？

一开始讲列表时我们并没有提到这方面的问题，默认列表中的元素类型是一致的。但是，从上面的例子来看，列表中元素类型是可以不同的。语法上来讲，确实是这样，但从用途上来讲，元素类型不一致的列表并没有实际意义。一般来讲，不同类型的元素我们也不会把它们放在一个表里面。所以，列表一般是存放一系列相同类型元素的一种数据类型。

在原列表末尾添加另一名学生的三门课成绩可以这样写：

```
>>> stuGrade=[[98, 90, 95], [95, 91, 93], [96, 92, 98]]
>>> stuGrade.append([86, 96, 98])
>>> stuGrade
[[98, 90, 95], [95, 91, 93], [96, 92, 98], [86, 96, 98]]
>>>
```

批量添加几名学生的成绩就要用extend( )。

```
>>> stuGrade.extend([[94, 90, 93], [99, 92, 98], [88, 96, 93]])
>>> stuGrade
[[98, 90, 95], [95, 91, 93], [96, 92, 98], [86, 96, 98], [94, 90, 93], [99, 92, 98], [88, 96, 93]]
>>>
```

用insert( )在中间某个位置插入一名学生的成绩，注意第一个参数是下标。

```
>>> stuGrade.insert(1, [89, 90, 92])
>>> stuGrade
[[98, 90, 95], [89, 90, 92], [95, 91, 93], [96, 92, 98], [86, 96, 98], [94, 90, 93], [99, 92, 98], [88, 96, 93]]
>>>
```

7.3.2 删

删除的方法依然有三种：del关键字、remove( )和pop( )函数。读者可对照普通列表的例子自行尝试编码。

7.3.3 查

双重列表的查询也分两种，一种是取某个位置的元素值，另一种是取已知元素在列表中的索引。

```
>>> stuGrade[2]
[95, 91, 93]
>>> stuGrade[2][0]
95
>>> stuGrade.index([95, 91, 93])
```

stuGrade[2][0]就是查询双重列表stuGrade中第三个元素（这是个普通列表）中的第一个元素（这是个整型数据），看起来很绕口。实际上，如果你把单列表看成一种普通数据类型的话，双重列表就等同于单列表。

若要取出双重列表里面的每一个数据，则要用到双重循环。

```
>>> for student in stuGrade:
        for lesson in student:
            print(lesson)
```

7.3.4 改

双重列表的修改与单列表并无不同，读者可自行编码。

7.3.5 排序

通常来讲，对于双重列表的排序需要用户自定义一个排序函数，因为Python自带的sort( )或sorted( )函数都只是针对简单数据类型，也就是数字或字符串类型。不是简单数据类型Python就不知道怎么排序，我们必须制定比较的规则。

例如，上面的stuGrade，对于每个学生的成绩，我们可以按照平均成绩排序，也可以按照某一门课程的成绩排序，所以具体规则还需自定义sort( )函数（可以是其他名字）。

关于自定义函数将在第8章中讲解，此处暂不作介绍。

7.4 字典

在第3节中,为了讲双重列表,我们举过这样一个例子。

```
>>> NancyGrade=[98, 90, 95]
>>> HelenGrade=[95, 91, 93]
>>> MikeGrade=[96, 92, 98]
>>> studentGrade=[NancyGrade, HelenGrade, MikeGrade]
>>> studentGrade
[[98, 90, 95], [95, 91, 93], [96, 92, 98]]
>>>
```

这里有一个很大的弊端:当我们不知道studentGrade中哪个位置是哪个学生的成绩时,如何把学生和成绩一一对应起来呢?简而言之,就是我想通过学生的名字来获取他的成绩该怎么办?列表是没办法做到的,因为它只提供利用索引取值的方法。要解决这个问题就要用到字典。

先解释一下字典(Dictionary)。实际上,它与我们查汉字用的"字典"在工作机制上是一样的。对于一个不知道读音的字,我们会根据偏旁部首查到这个字在字典中的哪一页,在这一页中找到这个字,就找到了它的读音,这是通过字形去找读音的过程。

Python中的字典就是将某个东西与另一个东西建立联系的数据类型。被关联起来的双方分别是键(key)和值(value)。比如,通过字形去找读音,字形就是键,读音就是值。键和值合起来称为键值对。一个字典就是多个键值对的集合。

我们还是以学生成绩为例来进行讲解。

首先,创建一个空字典。为区别于列表的中括号[ ],字典使用花括号{ }。

```
>>> stuGradeDic={}
>>>
```

然后,我们来添加一些键值对。

```
>>> stuGradeDic={'Nancy':98}
>>> stuGradeDic
{'Nancy':98}
>>>
```

添加键值对只需要指定新的键和值即可,而不像列表中需要借助函数来完成添加。还有另一种添加方式:

```
>>> stuGradeDic ['Helen']=95
>>> stuGradeDic ['Mike']=96
>>> stuGradeDic
['Nancy':98, 'Helen':95, 'Mike':96]
```

```
>>>
```

这样我们就在学生和成绩之间建立了联系，只要提供学生的姓名，就可以得到其成绩。

```
>>> stuGradeDic['Nancy']
98
>>>
```

使用del关键字删除一个键值对。

```
>>> del stuGradeDic['Mike']
>>> stuGradeDic
{'Nancy':98,'Helen':95}
>>>
```

使用keys( )函数获取字典中所有的键。

```
>>> stuGradeDic.keys()
dict_keys(['Nancy','Helen'])
```

使用values( )函数获取字典中所有的值。

```
>>> stuGradeDic.values()
dict_values([98, 95])
>>>
```

修改某个键对应的值。

```
>>> stuGradeDic['Nancy']=97
>>> stuGradeDic
{'Nancy':97, 'Helen':95}
>>>
```

使用in关键字判断某个键是否在字典中。

```
>>> 'Mike' in stuGradeDic
False
>>> 'Nancy' in stuGradeDic
True
>>>
```

使用clear( )函数清空字典。

```
>>> stuGradeDic.clear()
>>> stuGradeDic
{}
```

```
>>>
```

字典中的键的类型通常是布尔、数字、字符串、元组，并且是不可变的，而值可以是任何类型，并且是可变的。因此每个学生也可以对应其分数集合。

需要注意的是，字典的定义实际上是一种映射关系，通俗地讲，就是配对，因此不存在先后顺序。这一点不同于列表，列表的下标就代表了元素的顺序。键和值一般是一对多或一对一的关系，键不能重复，值可以重复。

虽然字典不存在先后顺序，但排序操作依然可以进行。可以按照键的大小排序，也可以按照值的大小排序。

```
>>> stuGradeDic={'Nancy':98,'Helen':95,'Mike':96}
>>> for key in sorted(stuGradeDic.keys()):
        print(key, stuGradeDic[key])


Helen 95
Mike 96
Nancy 98

>>>
```

由于字典的查找机制是单向的，只能通过键去找值，而通过值找键就会有些麻烦，并且会存在一个值对应多个键的情况，因此我们很少用值去找键。

```
>>> for value in sorted(stuGradeDic.values()):
        for key in stuGradeDic.keys():
            if value==stuGradeDic[key]:
                print(key, stuGradeDic[key])


Helen 95
Mike 96
Nancy 98

>>>
```

以上就是关于字典的基础内容。

长知识啦

❖ 认识了"不一样"的列表和字典。
❖ 能够对它们进行基本的增、删、改、查的操作。

本章习题

学校现在要统计成绩,他们邀请你去帮忙写一个程序做统计工作,要求实现如下功能:

(1)先将所有学生的姓名输入后存储在一个列表里(暂定学生数量为5,由程序请求输入),将列表输出。

(2)将学生姓名列表排序后输出排序结果。

(3)现在要新加入3个学生在列表的最前端,输入学生姓名后输出添加后的列表。

(4)再输入8个分数,按照输入顺序分别为列表内0~7号学生的分数,根据输入的分数和之前已有的姓名列表构建一个数据为(姓名-分数)的字典,输出该字典。

第8章 函 数

到第7章为止,我们已经把Python的基础语法知识学习得差不多了,数据类型、判断、循环这三者对于编程来说是不可或缺的。但是,实际上,就我们目前用到的例子来讲,它们都只是独立的个体,相互之间无法产生关联。我们曾经讲过,很多的编程项目,就像我们用的Windows 7操作系统,开发它的人数大概超过了1000人,要把这些人各自写的代码都整合到一起可以说是一个非常庞大的工程,需要用到函数、面向对象、模块化等方法,并严格遵循一些约定俗成的规则来帮助他们进行代码整合。

这一章我们就一起来学习函数,下一章我们将面向对象和模块化两个原则放在一起讲解。

8.1 函数的定义

在前面的章节中,我们提到"函数"这个词的频率非常高,这些函数都是Python自带的,就是Python的开发者们定义好的常用函数,称为库函数。程序员们可以直接调用这些库函数实现一些常见功能,而无须自己编写代码实现。

实际上,虽然Python的开发者们提供给我们的库函数很多,但依然有很多时候,我们需要根据题目要求自定义函数功能,或者,你可以发挥自己的想象,赋予你定义的函数任何功能,只要是计算机能够做到的。

函数,实际上就是把一堆指令聚集在一起的一个代码块,它可以完成一系列操作,以实现某个或某些功能。

自定义函数用的是def关键字。

下面我们就来定义一个函数实现这样的功能:输出一年级的班级总数、学生总人数以及男女比例。

```
>>> def printGradeInfo():
        grade='grade1'
        totalNum=320
        ratio=0.52
        print(grade, totalNum, ratio)


>>> printGradeInfo()
grade1 320 0.52
>>>
```

第一行代码定义了一个函数。def关键字，加空格，再加要定义的函数的名字，然后是一对小括号（关于这对括号的用途会在第3节中详述）和冒号，按下"Enter"键，就可以开始编写指令了。冒号大家一定很熟悉，和我们学过的if、for、while中的冒号一样，是为了告诉Python接下来是一个完整的代码块，要开始缩进了。

我们定义的这个函数只有短短四行指令，实际上你可以编写很多很多行，Python对此并不设限制，但有一个原则：一个函数一般只实现一个功能。在这个原则下，能够保证代码拥有很好的可读性。

printGradeInfo( )函数体里，我们定义了三个变量grade、totalNum、ratio，并给它们分别赋了值，最后将这三个变量的值打印出来即可。

此例中的最后一行代码是函数的调用，直接用函数名和一对括号即可调用。函数只有被调用了，才会运行其代码块中的指令。这就是为什么写完print( )那一行，按下两次"Enter"键之后，都没有打印数据的原因。关于这一点并不难理解，我们定义某个函数以实现某个功能，就像生产某个工具以完成某项技能，只有当你使用工具时，它才会发挥作用。关于函数的调用在第2节中还会详细讲解。

我们再来看看另一种函数——有返回值的函数。

有返回值，就是说函数运行结束之后会返回一个值，可以是任何数据类型。既然说这是另一种函数，那么之前的那个例子中的函数是什么函数？没错，就是无返回值的函数。

我们还借用上面的例子，这一次不仅要打印一年级的班级总数、学生总人数以及男女比例，还要返回一年级的男生人数。

```
>>> def gradeInfo():
        grade='grade1'
        totalNum=320
        ratio=0.52
```

```
            print(grade, totalNum, ratio)
            boysNum=int(totalNum * ratio)
            return boysNum

>>> boysNum=gradeInfo()
grade1 320 0.52
>>> boysNum
166
>>>
```

不同功能的函数应取不同的名字以示区分，并且函数名应尽量遵循见名知义的原则，至于如何取名，在本章第4节中将有说明。

gradeInfo( )函数和printGradeInfo( )函数的前四行（从函数体内的代码开始算行数）代码均相同。第五行定义了参数boysNum，并将男生人数取整后赋给了它。最后一行return boysNum，就是将boysNum作为函数的返回值，也就是函数的输出结果。函数定义完成后，由于此时的gradeInfo( )是具有返回值的，于是在调用它的时候可以直接将其赋给变量boysNum（这里表示男生人数的变量名不一定要与函数体中的boysNum一致），也就相当于是把函数的返回值赋给了boysNum。

从输出结果来看，boysNum=gradeInfo( )这一行代码应该是完成了两件事，即调用了函数，并且把返回值给了boysNum。那么这其中的执行顺序如何，两件事的先后关系是怎样的？这就要深究一下函数的调用了。

8.2 函数的调用

第1节中曾说到，函数的调用是通过函数名实现的，在未被调用前，函数并不会执行。本节我们就以gradeInfo( )函数为例，深究一下函数被调用后是如何执行的。

```
>>> def gradeInfo():
        grade='grade1'
        totalNum=320
        ratio=0.52
        print(grade, totalNum, ratio)
        boysNum=int(totalNum * ratio)
        return boysNum

>>> boysNum=gradeInfo()
grade1 320 0.52
>>> boysNum
166
>>>
```

为了让读者清晰地看到代码的执行顺序，我把上面的例子做了一些修改，每执行完一步，我都在这行代码后面打印一个数字。

```
>>> def gradeInfo():
        grade='grade1'
        print(1)
        totalNum=320
        print(2)
        ratio=0.52
        print(3)
        print(grade, totalNum, ratio)
        print(4)
        boysNum=int(totalNum * ratio)
        print(5)
        return boysNum
        print(6)


>>> def boys():
```

```
            boys=gradeInfo()
            print(7)
            print(boys)
            print(8)
>>> boys()
1
2
3
grade1 320 0.52
4
5
7
166
8
```

为了看出最后的赋值操作是何时进行的,我把boys = gradeInfo( )写进了函数boys( )里面。接下来,我们就根据打印出来的数字一步步来看代码执行的顺序。

（1）调用boys( )函数,执行boys = gradeInfo( ),发现gradeInfo( )为函数,暂停赋值操作,先去执行gradeInfo( ),于是执行grade = 'grade1',打印数字1。

（2）执行totalNum = 320,打印数字2。

（3）执行ratio = 0.52,打印数字3。

（4）执行print(grade, totalNum, ratio),打印这三个变量,接着打印数字4。

（5）执行boysNum = int(totalNum * ratio),打印数字5。

（6）接下来并没有输出数字6,但return boysNum一定是执行了的,因为gradeInfo( )函数体是一个简单的顺序结构,说明执行了返回语句后print(6)并未继续执行。这是非常重要的一点：有返回值的函数一旦执行完return语句后,后续的代码均不再执行。至此该函数执行完毕。由此可见,除非没有返回值,否则返回值有且仅有一个。

（7）数字7被输出,说明boys( )函数中的赋值操作boys = gradeInfo( )到这里才真正执行完。

（8）打印boys,即输出男生人数,最后打印数字8。至此,boys( )函数调用完成。

读者根据以上分析,即可明白函数调用的机制。

8.3 参数的传递

实际上，关于参数这个词，我们也经常提及。何为函数的参数？为什么会有参数？参数的传递又是什么？参数是怎样传递的？这一节我们就来一一解决以上问题。

读者一定记得，在定义函数的时候，写完函数名，需要在后面加一对小括号。实际上，这对小括号就是用来传递参数的，如果括号里没有内容则代表这是个无参函数，否则即为有参函数。

我们先来把gradeInfo( )函数进行一些改写。

```
>>> def diffGadeInfo(grade, totalNum, ratio):
        print(grade, totalNum, ratio)
        boysNum=int(totalNum * ratio)
        return boysNum


>>>boys=diffGadeInfo('grade1', 320, 0.52)
grade1 320 0.52
>>> print(boysNum)
166
```

这个函数的括号里有三个变量，这三个变量便是函数的参数。由于在定义函数的时候这三个参数只是个形式，没有实际的值，所以被称为形参（形式参数）。可以看出，diffGradeInfo( )与

gradeInfo( )唯一的不同就是把函数体中的三个变量grade、totalNum和ratio放到括号中，变成了形参。

再看函数调用的时候，括号中也多出来三个值，此为实参（实际参数）。此处即为参数的传递，就是把实际的值（即实参）赋给上面提到的形参。由于此处给出的实参与gradeInfo( )中赋给那三个变量的值相同，所以最终输出的结果才一样。若实参不同，则输出的结果不一定相同。

至此，便可解释参数存在的意义。gradeInfo( )函数没有参数，grade、totalNum、ratio三个变量的值都是直接在函数体中指定的，所以，它只能输出"grade1　320　0.52"这个结果。如果我现在想要输出二年级的学生情况呢？对于gradeInfo( )函数而言，我只能到函数体里去改代码，这样的函数通用性太差，并不具有什么实际意义。而如果换成带有参数的函数，就可以直接把有关二年级的数据作为实参传递给diffGradeInfo( )函数，这样的函数才具有一定的普适性。不管我想要哪个年级的boysNum，都很方便。比如，我想要三年级的boysNum，就可以直接改变实参。

```
>>> grade3Boys=diffGadeInfo('grade3', 412, 0.48)
grade3 412 0.48
>>> grade3Boys
197
```

需要简单说一下函数形参的个数问题。从上面的例子来看，参数可以有多个。一般情况下，当定义的函数需要用到5～6个参数时，你就应该考虑一下哪里是不妥的。实际中，我们通常是把这些参数放到一个或多个列表中传递，或者是采用面向对象的方法，将大量的参数变成某个对象的属性，通过传递对象来传递参数。面向对象将作为重点内容在第9章中讲解。

8.4　变量的命名与作用域问题

变量的命名与作用域是非常重要的一个知识点，我们以gradeInfo( )函数来展开这一节的内容。

```
>>> def gradeInfo():
        grade='grade1'
        totalNum=320
        ratio=0.52
        print(grade, totalNum, ratio)
        boysNum=int(totalNum * ratio)
        return boysNum
```

```
>>> boysNum=gradeInfo()
grade1 320 0.52
>>> boysNum
166
>>>
```

变量的命名和函数的命名是一样的，都是遵循见名知义的原则，并且要尽量简洁，字母不要太多，就比如totalNum表示总人数，total意思为总共的，number意思为数量，但两词结合在一起字母数量偏多，于是就取number的前三个字母与total结合起来。gradeInfo( )也是如此，因为这个函数的功能是打印年级的有关信息，于是就取了grade（年级），结合information（信息）的前三个字母构成函数名。通常，我们会使用"驼峰命名法"，整个变量的首字母小写，若该变量名由多个单词（或单词的前几个字母）组成，除首个单词外，其他单词的首字母均大写，这些大写字母就是所谓的"驼峰"。这种取某个单词前几个字母命名变量或函数名的方式，在各类编程语言中都普遍被使用，因其简洁且易懂。

下面来看boysNum这个变量。在上面的例子中，它出现了两次，第一次是在函数里面，第二次是在函数外面。实际上，前面也曾提到，第二个boysNum可以是其他名字。这两个名字相同的变量有何区别呢？

实际上，它们除了名字相同，并无其他任何联系。函数体中的boysNum是一个局部变量，所谓局部变量，就是只在局部起作用的变量，它的作用域从被定义开始，到函数体结束即终止。与之相对的是全局变量，其作用域覆盖当前整个程序。

为了讲清楚局部变量与全局变量的区别，我们将gradeInfo( )函数做以下改动。

```
totalGradeNum = 6

def grade1Info():
    grade = "grade1"
    totalNum = 320
    ratio = 0.52
    print(totalGradeNum, grade, totalNum, ratio)
    boysNum = int(totalNum * ratio)
    return boysNum

def grade3Info():
    grade = "grade3"
    totalNum = 412
    ratio = 0.48
    totalGradeNum = 7
    print(totalGradeNum, grade, totalNum, ratio)
    boysNum = int(totalNum * ratio)
    return boysNum

print(totalGradeNum)
print(grade1Info())
print(grade3Info())
print(totalGradeNum)
print(totalNum)
```

输出结果如下：

```
RESTART: C:/Users/zhoujian/AppData/Local/Programs/Python/Python36/parameter.py
6
6 grade1 320 0.52
166
7 grade3 412 0.48
197
6
Traceback (most recent call last):
    File "C:/Users/zhoujian/AppData/Local/Programs/Python/Python36/parameter.py", line 24, in <module>
        print(totalNum)
NameError: name 'totalNum' is not defined
```

totalGradeNum（年级总数）定义在整个文件的第一行，为全局变量，其作用域就是整个文件，因此在首次打印totalGradeNum的时候，以及在函数grade1Info( )中才能够打印出它的值6。然而，奇怪的是，当我在grade3Info( )中将totalGradeNum的值改成7之后，在调用grade3Info( )的时候，打印出来的是7，而再次单独打印totalGradeNum时却还是6。这是因为在grade3Info( )中的那个totalGradeNum并不是一开始定义的那个全局变量，而是一个局部变量，那个7是赋给了局部变量，而非改变了全局变量。

Python规定，全局变量可以在函数中被使用，但如果你想要在函数中对全局变量做出改变，它就会重新定义一个同名的局部变量，改变只会作用于新定义的局部变量，而不会改变全局变量的值。所以，grade1Info( )函数想要打印totalGradeNum是允许的，而当grade3Info( )函数想要改变totalGradeNum的值时，Python创建了一个新的同名局部变量totalGradeNum，并把7赋给了它，并且它只能在grade3Info( )函数内部起作用，这就是为什么全局变量totalGradeNum的值始终是6的原因。

接着再来看局部变量。上面运行结果的NameError部分，显示错误原因是"name 'totalNum is' not defined"，意思是totalNum这个变量未被定义，即这个变量不存在，所以无法打印。怎么就不存在了呢？明明我调用那两个函数的时候都是正常打印的。没错，totalNum也只有在函数被调用的时候才能打印成功，因为它是局部变量，而局部变量只有在函数运行时才存在，如果函数未被调用或函数已运行结束，局部变量就不存在。所以，在函数外部打印函数体中定义的局部变量是无法做到的。

前面我们也提到了，在函数体中使用全局变量是可以的，但无法改变其值。若非要改变呢？就必须在函数体中的变量名前加上关键字global。比如，当你想要改变totalGradeNum的时候，要写成：global totalGradeNum = 7，这样Python就知道你是确定想要改变全局变量的值。

至此，关于这两种变量已讲完。但我想一定会有读者问：Python为什么要这样设计呢？

既然变量的命名要讲究见名知义，那么一个文件中使用同名变量的概率是非常大的，因为要为表达同一个意思的变量取不同的名字是非常耗脑筋的一件事，所以出现同名变量是不可避免的。为了区分，Python指定了这样一个机制，而这样设计带来的一个弊端就是，全局变量和局部变量傻傻分不清，为了避免程序员因为一时疏忽而错改全局变量，Python便引入了global关键字。

在实际编程中，全局变量应尽量避免使用，它非常容易造成逻辑混乱，使程序的可读性变差，但在很多情况下，又不得不使用它，所以，建议大家全局变量名应尽量与函数体中的局部变量名不同，以免混淆，造成不必要的麻烦。

- 知道了一个非常重要的概念——函数，它是一个程序最基本的组成部分。
- 能定义具有个性化功能的函数，并能调用。
- 能很好地区分全局变量和局部变量，并在合适的场合下使用它们。

1. 编写一个函数，可以输出一个人的信息，包括姓名、身份ID、家庭地址、电话号码、邮箱（需要五个参数，可以考虑将它们作为五个独立的参数传递，或者使用一个列表）。在程序的最后调用测试这个函数。

2. 编写一个函数计算一个人身上的零钱总数，假定此人身上只有一元、五元、十元面值的零钱，该函数的三个参数分别代表一元、五元、十元零钱的数量。在函数中计算并输出零钱总数，在程序的最后调用测试这个函数。

3. 将第7章的习题的每一个小步骤编写成一个函数，在程序的最后调用测试这些函数。在编程的过程中对于列表和字典是否使用了全局变量？如果使用了，考虑一下不使用全局变量应该如何完成；如果未使用，那就用全局变量试试看。

第 9 章 面向对象与模块化原则

函数与对象是模块化设计的基础。

面向对象是非常重要的编程思想之一。实际上，Python就是一个面向对象的编程语言。也就是说，Python是允许使用对象的，也有一些编程语言是不能使用对象的，例如C语言，就是一个面向过程的语言。当然，Python可以使用对象，并不是说必须创建对象，但很多时候创建一个合适的对象，并为它设置恰当的属性和方法，能够使程序更加清晰，可读性更强。

模块化程序设计是指在进行程序设计时将一个大程序按照功能划分为若干小程序模块，每个小程序模块完成一个确定的功能，并在这些模块之间建立必要的联系，通过模块的互相协作完成整个功能的程序设计方法。因为很多项目规模很大，如果所有的代码都写在一个 .py 文件中是非常不科学的，所以必须按功能创建不同的 .py 文件以实现不同的功能，最后再将它们整合起来。

9.1 对象的构成

"万事万物皆对象"，这是在面向对象编程领域非常流行的一种看待事物的方式。那么什么是对象呢？对象，是对现实事物的

"我"与"你"的对话

一种抽象，包括对事物的静态属性和动态行为两方面的抽象。举个例子，一只小狗，它的名字、性别、年龄、体重、品种等是静态属性，它会跑、会吃饭、会玩耍等是动态行为。当然，肯定不止这些属性和行为，但为了说明问题，这些已足够。此处还需说明的是，一件事物的属性或行为有很多，全部抽象出来是不可能的，根据需要抽象出合适的属性和行为也是很重要的一项能力。

为什么说抽象要适当？我们来看以下两个场景。Nancy想养一只小狗，那么所有的小狗都可以抽象为一个对象Dog，其属性可以包含小狗的任何常见属性，比如"品种"就是其中一个属性。但Jack想养一只小博美，那么所有的博美犬则可抽象为一个类Pomeranian，就不再需要"品种"这个属性，因为其他品种不是博美的小狗并不在Jack的选择中。

9.2 创建对象

第1节中讲到，对象由静态属性和动态行为构成，其中静态属性就是一系列变量，而动态行为则由一系列函数表示。

下面我们就通过小狗的例子来看一下对象该如何创建。

```
class Dog:
    def __init__(self, name, sex, age, weight):
        self.name = name
        self.sex = sex
        self.age = age
        self.weight = weight

    def run(self):
        print (self.name, "is running!")

    def eat(self):
        print (self.name, "is eating!")

    def play(self):
        print (self.name, "is playing!")

littleDog = Dog("Bob", "male", 3, "5kg")
print (littleDog.name, littleDog.sex, littleDog.age, littleDog.weight)
littleDog.run()
littleDog.eat()
littleDog.play()
```

==RESTART: C:\Users\zhoujian\AppData\Local\Programs\Python\Python36\dog.py==

Bbo male 3 5kg

Bob is running!

Bob is eating!

Bob is playing!

第一行定义了一个名为Dog的对象，以关键字class加上对象名及冒号（：）表示开始定义对象。class是"类"的意思，一个对象其实就是一类事物，因此定义一个对象也可以说成定义一个类。类定义完成后，Python并不会去执行它，必须用它创建实例（instance）、函数调用等，这些才是可执行的代码。

接下来定义了一个_ _init_ _( )函数（左右两边都是双下划线哦!），这是一个初始化方法，也称构造函数。所谓初始化，就是当你利用这个对象创建一个新的实例时，这个方法就会运行，把你提供的值赋给实例的对应属性。也就是说，当执行littleDog = Dog("Bob","male"，3,"5kg")这行代码的时候，_ _init_ _( )方法就会运行，它会先把你创建的实例littleDog赋给self，然后把Bob赋给littleDog.name，male赋给littleDog.sex，3赋给littleDog.age，5kg赋给littleDog.weight。至此，littleDog这个实例就创建完成。

关于_ _init_ _( )函数有一点需要说明，它是一个比较特殊的方法，函数名必须是_ _init_ _( )。Python规定每个对象都必须有一个_ _init_ _( )方法，如果你在定义对象的时候没有写这个方法，这个对象的初始化任务就会由Python内置的_ _init_ _( )方法来完成，只不过这个方法不会对实例的属性进行赋值了，因为此时的_ _init_ _( )方法并不知道这个对象有哪些属性。

```
class Dog:
    def run(self):
        print(self.name, "is running!")

    def eat(self):
        print(self.name, "is eating!")

    def play(self):
        print(self.name, "is playing!")

littleDog = Dog()
littleDog.name = "Bod"
littleDog.sex = "male"
littleDog.age = 3
littleDog.weight = "5kg"

print(littleDog.name, littleDog.sex, littleDog.age, littleDog.weight)
littleDog.run()
littleDog.eat()
littleDog.play()
```

RESTART: C:/Users/zhoujian/AppData/Local/Programs/Python/Python36/DogWithoutInit.py

Bod male 3 5kg

Bod is running!

Bod is eating!

Bod is playing!

在创建完实例之后，再一一创建实例的属性并赋值。（当然，如果你已经定义了_ _init_ _( )方法，并给了一些属性，你也可以在创建完实例之后，再为它增加属性并为其赋值。）一旦属性数量非常多，这样做将会非常麻烦。一个最大的缺点就是，你不能保证所创建的实例属于同一个对象，因为属性可能不同。

在创建anotherDog这个实例时，我为它增加了breed（品种）这个属性，但当我想要打印littleDog.breed时，却出错了。

```
anotherDog=Dog()
anotherDog.name="Tom"
anotherDog.sex="female"
anotherDog.age=2
anotherDog.weight="3kg"
anotherDog.breed="teddy"
```

```
print(anotherDog.name, anotherDog.sex, anotherDog.age,
anotherDog.weight, anotherDog.breed)
anotherDog.run()
anotherDog.eat()
anotherDog.play()

print(littleDog.breed)

RESTART: C:/Users/zhoujian/AppData/Local/Programs/Python/
Python36/DogWithoutInit.py
Bod male 3 5kg
Bod is running!
Bod is eating!
Bod is playing!
Tom female 2 3kg teddy
Tom is running!
Tom is eating!
Tom is playing!
Traceback (most recent call last):
  File "C:/Users/zhoujian/AppData/Local/Programs/Python/
Python36/DogWithoutInit.py", line 37, in <module>
    print(littleDog.breed)
AttributeError: "Dog" object has no attribute "breed"
```

错误信息提示非常明确，AttributeError是指属性错误，就是说"Dog"对象没有属性"breed"。然而，打印anotherDog.breed并未出错，很明显，littleDog和anotherDog并不属于同一个对象，即不是同一类。

为了更形象地解释这两种方法的区别，我们来看看制作塑料玩具的过程。

一般情况下，塑料玩具都是利用事先制作好的模具，往里面灌液体塑料，然后冷却凝固而成。就比如我们现在要做小狗玩具，首先要有一个狗形状的模具，确定好大小、模样，然后灌液体塑料，做出了很多个小狗的塑料生胚（就是还未最终完成的塑料制品），此时，这些塑料生胚都属于同一类，因为它们的所有属性均相同。接下来，要给这些生胚绘图、上色、粘上毛发，也可以会在它身上增加其他物品，比如为它穿件衣服等，这些后期工作会产生很多不同种类的小狗玩具，即使它们一开始都是由同一个模具产生的。

上述情景中的"模具"就是我们定义的对象（或类），而"塑料生胚"就是利用_ _init_ _( )方法创建的很多相同的实例，"后期工作"就是为相同的实例再次添加不同属性的过程，最终的成品由于属性不尽相同，则不再属于同一类别。

综上，对象（类）就是抽象出的具有共同属性或行为的一类事物，其属性和行为均是抽象的概念，无实际的值。实例就是通过对象（类）创建的一个个具体的实体，它们的属性和行为才拥有具体的值。

还有一点需要说明，就是关于littleDog.age中的点（.）代表的含义。这里的点（.）可以理解为"的"，像littleDog.age就是littleDog的age，它是用来取实例的属性值或调用其函数的。

9.3 继承与多态

本章开头就说到"万事万物皆对象"。哲学上讲，"事物是普遍联系的"。也就是说，对象之间是有联系的。而有一些事物，例如，你和你的父母、祖父母、外祖父母等，你们之间则存在着继承关系。你可以继承父母的基因、财产或性格等。由此进行类比，在面向对象的编程中，一些类（子类或派生类）可以从其他类（父类、基类或超类）继承属性和行为。因为有了继承，我们在定义对象时，才不必每个都从零开始写。

第2节中的Dog对象，由于它本身属于动物类，我们可以这样定义Animal类和Dog类（为了区别，这里的Dog类取名为DogFromAnimal，即从Animal继承来的Dog类）。

```
class Animal:
    def __init__(self, age, weight):
        self.age = age
        self.weight = weight

    def eat(self):
        print("It is eating!")


class DogFromAnimal(Animal):
    def __init__(self, name, sex, age, weight):
        Animal.__init__(self, age, weight)
        self.name = name
        self.sex = sex

    def run(self):
        print(self.name, "is running!")

    def play(self):
        print(self.name, "is playing!")
```

为Animal类定义了age、weight两个属性和eat( )方法。与定义一般的类不同，DogFromAnimal类要继承Animal类，必须在类名后面加上括号，括号里写上要继承的父类名字。

子类会直接继承父类的所有属性和行为，并且可以增加其他属性和行为，因为子类一般会拥有跟父类不同的其他特点，包括特有的属性和行为，而父类不会拥有子类的属性和行为。

子类的__init__( )方法的参数需包含所有你想要定义的属性，包括从父类继承过来的属性。与未继承任何类的Dog不同，DogFromAnimal的所有属性不需要再一一赋值，直接调用父类的初始化方法，再将剩下的独有属性一一赋值。若子类未定义__init__( )方法，则默认调用其父类的__init__( )方法。

```
littleAnimal=Animal(5,"4kg")
print(littleAnimal.age, littleAnimal.weight)
littleAnimal.eat()


littleDog=DogFromAnimal("Bob","male",3,"5kg")
littleDog.run()
littleDog.eat()
littleDog.play()
```

子类定义的实例可以直接调用父类的行为函数。比如，eat( )函数并未在DogFromAnimal中定义，但littleDog却可以使用eat( )方法，最后打印出来的结果就是"It is eating！"。

RESTART: C:\Users\zhoujian\AppData\Local\Programs\Python\Python36\Animal&Dog.py

5 4kg
It is eating!
Bob is running!
It is eating!
Bob is playing!

观察运行结果，发现由于eat( )函数是从Animal类继承过来的，所以littleDog实例调用eat( )方法只能输出"It is eating！"，这和第2节中定义的Dog类（未继承Animal类的）中的eat( )方法不太一样。想要变得跟它一样该怎么办呢？可以直接在DogFromAnimal类中重新定义eat( )函数，这样eat( )函数在父类和子类中都被定义了一遍，此时littleDog再调用eat( )函数，运行的就是子类中重新定义的那个eat( )函数。

这种同一个函数在父类和子类中重复定义的现象就叫作多态。要深入理解多态，我们要回到一个老话题——数据类型。

Python自带了不少数据类型，而我们自己定义的对象，或者说类，也是数据类型，与Python自带的那些并无不同。继承关系的存在导致我们自定义的数据类型之间存在着包含关系，又由于继承关系可以有无数层，并不设限，所以你用一个子类定义的实例就存在多种形态。

DogFromAnimal继承了Animal，于是用DogFromAnimal定义的littleDog这个实例就存在两个形态：它属于DogFromAnimal类型，还属于Animal类型。假如再定义一个Pomeranian类（博美犬类），它继承DogFromAnimal类，那么用Pomeranian类创建的一个实例则属于三种不同的数据类型。当执行littleDog.eat( )这个方法时，Python首先会去查看littleDog本身所属的类（DogFromAnimal）是否存在这样一个函数，若存在，则调用；若不存在，则再去父类（Animal）中查看eat( )方法是否存在，若存在则调用，若不存在则报错。

需要说明的是，继承是单向传递的。子类能够继承父类的所有属性和行为，并可以拥有属于自己的特殊属性，也可以对某些行为函数进行重写，而父类则无法拥有子类所特有的那些属性，也无法调用子类的行为函数。

讲到此处，我想要提出两个疑问：（1）在我们现实生活中，孩子（相当于子类）是不可能继承到父亲（相当于父类）的所有属性和行为的，父亲的很多特征是孩子没有的，因此，孩子对父亲的继承只是部分继承，并非全部继承。那么，部分继承如何实现呢？（2）孩子通常会继承父母双方的一些特征，而并非父亲或母亲一方，那么，继承多个父类如何实现呢？

先解决部分继承的问题。

Python规定，以双下划线（_ _）开头的属性或行为函数为该类的私有属性或行为。这些私有属性和行为只能在类的内部被访问，类的外部无法通过"对象.属性名（函数名）"的方式访问，并且子类无法继承其私有属性和行为。

我们把Animal类的age属性和eat( )方法都变成私有的，看看效果。

```
class Animal:
    def __init__(self, age, weight):
        self.__age = age
        self.weight = weight

    def __eat(self):
        print("It is eating!")
```

RESTART: C:\Users\zhoujian\AppData\Local\Programs\Python\Python36\Animal&Dog.py

Traceback (most recent call last):
　File "C:\Users\zhoujian\AppData\Local\Programs\Python\Python36\Animal&Dog.py",line 27, in <module>
　　print(littleAnimal.age, littleAnimal.weight)
AttributeError:"Amimal" object has no attribute "age"

其他代码都未改动，但程序运行出错了。错误信息是AttributeError，即属性错误（Attribute是属性的意思），"Animal"类没有"age"属性。这是因为age此时是Animal类的私有属性了，类的外面不能直接访问。但实际上，如果你非要访问，Python也是允许的，正确格式是：

实例._类名_ _属性（或方法）。

littleAnimal=Animal(5, "4kg")
print(littleAnimal._Animal_ _age, littleAnimal.weight)
littleAnimal.eat()

RESTART: C:\Users\zhoujian\AppData\Local\Programs\Python\Python36\Animal&Dog.py

5 4kg

```
Traceback (most recent call last):
    File "C:\Users\zhoujian\AppData\Local\Programs\Python\
    Python36\Animal&Dog.py", line 28, in <module>
        littleAnimal.eat()
AttributeError: "Animal" object has no attribute "eat"
```

上一个错误信息中未提示eat( )方法访问不到，当把对age属性的访问方式修改正确后，print(littleAnimal._Animal__age,littleAnimal.weight)这行代码顺利执行，Python继续往下执行，才发现eat( )也是私有的，于是报错。之所以之前未显示eat( )的错误信息，是因为那时print(littleAnimal.age,littleAnimal.weight)这行代码已经出错了，Python便不会再往下执行，所以发现不了eat( )有关的错误。

```
class Animal:
    def __init__(self, age, weight):
        self.__age = age
        self.weight = weight

    def __eat(self):
        print("It is eating!")

class DogFromAnimal(Animal):
    def __init__(self, name, sex, age, weight):
        Animal.__init__(self, age, weight)
        self.name = name
        self.sex = sex

    def run(self):
        print(self.name, "is running!")

    def play(self):
        print(self.name, "is playing!")
```

littleAnimal=Animal(5,"4kg")

print(littleAnimal.`_Animal__age,` littleAnimal.weight)

littleAnimal.`_Animal__eat()`

littleDog=DogFromAnimal("Bob","male",3,"5kg")

littleDog.run()

littleDog.`_Animal__eat()`

littleDog.play

读者可以试着把littleDog的各个属性打印出来看看，是否会遇到阻碍呢？又该如何修改呢？

总的来讲，Python并没有提供一个非常严密的机制来阻止外部实例或外部类访问私有属性或行为，这确实是不安全的。但Python与十分强调隐私和安全的Java语言不同，它就是一种开放性十分强的语言，对程序员基本不设限，遵守规则全靠自觉。

下面再来看看多继承的问题。

Python是支持多继承的，也就是子类可以同时继承多个父类。我们以Dog为例，Dog既是哺乳动物，又是会跑的动物。那么我们就可以定义两个父类，Mammalian（哺乳动物）和RunnableAnimal（会跑的动物），让Dog继承这两个类。

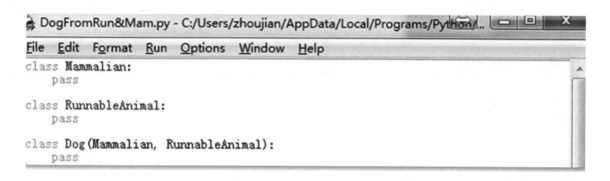

此处定义了三个"空"类，当程序员还未想好类（或函数）如何具体定义时，可以用pass关键字先定义一个桩代码，桩代码是临时性的待编辑的，它使得程序在结构上符合标准，又能够使程序员可以暂时不编辑这段代码。所以，这三个类就交给读者去定义其属性和方法。

需要说明的是，子类没有定义构造函数时，Python会自动调用第一个父类的构造方法，包括多个父类有同名的方法，而子类未对该方法进行重写时，优先选择第一个父类的。

9.4 模块的创建和使用

Python 模块(Module)是一个 Python 文件，以 .py 结尾，包含 Python 对象定义和Python语句。模块使程序员能够有逻辑地组织Python代码段，把相关的代码分配到一个模块，并使代码更好用、更易懂。模块能定义函数、类和变量，模块里也可包含可执行的代码。

我们可以把第3节中的Animal类放在一个模块中，DogFromAnimal类则要通过import语句来引入模块，才能使用Animal类。

```
import AnimalModule
class DogFromAnimal(AnimalModule.Animal):
    def __init__(self, name, sex, age, weight):
        AnimalModule.Animal.__init__(self, age, weight)
        self.name = name
        self.sex = sex

    def run(self):
        print(self.name, "is running!")

    def play(self):
        print(self.name, "is playing!")

littleDog = DogFromAnimal("Bob", "male", 3, "5kg")
print(littleDog.name, littleDog.age, littleDog.sex, littleDog.weight)
littleDog.run()
littleDog.eat()
littleDog.play()
```

在调用模块中的类时，必须用"模块名.类名.函数名"的方式来访问，若无类名，则用"模块名.函数名"的方式。

若一个模块中有多个类或函数，但你只要用其中一个类（或函数），则可用"from 模块名 import 类名（或函数名）"来引入。

```
class Animal:
    def __init__(self, age, weight):
        self.age = age
        self.weight = weight

    def eat(self):
        print("It is eating!")
class RunnableAnimal:
    pass
```

需要注意的是，当用"from ... import ..."引入的时候，在使用模块中的类（或函数）时就不需要在前面加上模块名了，直接使用类名（或函数名）即可。

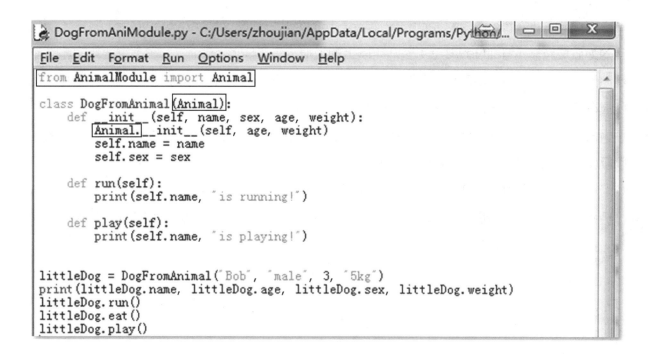

此时，当DogFromAnimal想要同时继承RunnableAnimal时，就会报错。若要通过"from...import..."的方式引入模块中的全部内容，则要这样写：from AnimalModule import *，这里的*就代表"所有"的意思。

- 深入地了解了Python面向对象的核心思想。
- 能够将模块化编程的原则贯彻到编程过程中。
- 能理清模块、对象、函数三者间的关系。

1. 设计一个车辆类Car，这个类将作为下面的例题所建立的类的基类使用，将程序文件命名为CarModule。Car除了初始化函数外还需要包含相应的启动（Start）、加速（SpeedUp）、减速（SlowDown）、停车（Park）行为（函数），同时需要包含车辆的基本信息：车牌号（Number）、车主姓名（Owner）、车型（Model）。

2. (和上题写在同一个文件即可)若是将车辆以新旧程度分类建立子类：使用一年以内的车辆

算作九成新车（AlmostNewCar），一年至三年的为八成新车（NearlyNewCar），三年至八年的为五成新车（HalfNewCar），八年以上的为报废车（ScrapCar）。子类需要新的属性使用时间（Time）。重构初始化函数：在其中加入对使用时间的判断，若是当前使用时间并非在所属车辆的使用时间范围内，输出错误信息至屏幕上。

3. 自行设计一个福特公司类（Ford），上网查阅资料，思考应当有哪些代表性的成员属性以及函数,将程序文件命名为FordModule。

4. 将前三题的文件作为模块，在本题中调用类Car以及Ford作为基类建立类福特汽车（FordCar）。重构初始化函数：连续调用Car和Ford的初始化函数。追加函数查找公司信息：打印福特公司的属性信息。

第10章 初探动画世界

有了前几章的Python基础,我们可以开始学习制作小游戏了!第10、11两章将对Pygame模块进行详细的讲解,第12章将介绍两个炫酷的游戏,带着读者一步步地剖析并实现。

接下来就跟我一起慢慢揭开游戏的神秘面纱吧!

10.1 认识Pygame

Pygame是一组用来开发游戏的Python模块,它能够帮助我们创建功能丰富的游戏以及一些多媒体程序,非常适合开发2D的小游戏,不过关于炫酷的3D游戏在第11章中也会涉及哦!

使用Pygame前,要先将Pygame模块下载下来并导入Python中。从https://pypi.python.org/pypi/Pygame/1.9.3#downloads中下载Pygame模块。注意,由于我们一直使用的版本是Python 3.6,所以下载的Pygame模块必须是与Python 3.6版本匹配的。

```
File
pygame-1.9.3-cp27-cp27m-macosx_10_9_intel.whl (md5)
pygame-1.9.3-cp27-cp27m-win32.whl (md5)
pygame-1.9.3-cp27-cp27m-win_amd64.whl (md5)
pygame-1.9.3-cp27-cp27mu-manylinux1_i686.whl (md5)
pygame-1.9.3-cp27-cp27mu-manylinux1_x86_64.whl (md5)
pygame-1.9.3-cp34-cp34m-manylinux1_i686.whl (md5)
pygame-1.9.3-cp34-cp34m-manylinux1_x86_64.whl (md5)
pygame-1.9.3-cp34-cp34m-win32.whl (md5)
pygame-1.9.3-cp34-cp34m-win_amd64.whl (md5)
pygame-1.9.3-cp35-cp35m-manylinux1_i686.whl (md5)
pygame-1.9.3-cp35-cp35m-manylinux1_x86_64.whl (md5)
pygame-1.9.3-cp35-cp35m-win32.whl (md5)
pygame-1.9.3-cp35-cp35m-win_amd64.whl (md5)
pygame-1.9.3-cp36-cp36m-macosx_10_9_intel.whl (md5)
pygame-1.9.3-cp36-cp36m-manylinux1_i686.whl (md5)
pygame-1.9.3-cp36-cp36m-manylinux1_x86_64.whl (md5)
pygame-1.9.3-cp36-cp36m-win32.whl (md5)
pygame-1.9.3-cp36-cp36m-win_amd64.whl (md5)
pygame-1.9.3.tar.gz (md5)
```

上图框中的第一个版本适用于Mac本，下面两个适用于Linux系统，接下来的一个适用于Windows 32位系统，最后一个一般是大多数人需要下载的，适用于Windows 64位系统。（右击"我的电脑"，单击"属性"即可查看操作系统的版本。）

下载后，将 pygame-1.9.3-cp36-cp36m-win_amd64.whl 这个文件复制到...\Python36\Scripts目录下，然后将\Python36\Scripts添加到系统环境变量中（资料卡中要有对环境变量的解释：环境变量是操作系统中一个具有特定名字的对象，它包含了一个或者多个应用程序所将使用到的信息。例如，Windows和DOS操作系统中的path环境变量，当要求系统运行一个程序而没有告诉它程序所在的完整路径时，系统除了在当前目录下面寻找此程序外，还应到path中指定的路径去找。添加环境变量的步骤：（1）右击"我的电脑"，单击"属性"，选择"高级系统设置"—>"环境变量"；（2）在"系统变量"栏中找到变量path，选中并点击"编辑"；（3）复制...\Python36\Scripts完整的目录，在"变量值"一栏的末尾添加一个分号，若在英文状态下，将复制的目录粘贴在后面，最后点击"确定"即可），点击计算机左下角的"开始"按钮，输入"cmd"，按下"Enter"键，出现黑色方框，即命令行窗口。输入"pip install wheel"，按下"Enter"键，执行正确，会得到以下结果。

```
C:\Users\zhoujian>pip install wheel
Requirement already satisfied: wheel in e:\software\python\lib\site-packages
```

接着,输入"cd ...\Python36\Scripts"(需要程序在计算机中的完整路径),按下"Enter"键;然后,输入"pip install pygame-1.9.3-cp36-cp36m-win_amd64.whl",若执行正确,则会得到以下结果。

```
C:\Users\zhoujian\AppData\Local\Programs\Python\Python36\Scripts>pip install pygame-1.9.3-cp36-cp36m-win_amd64.whl
Processing c:\users\zhoujian\appdata\local\programs\python\python36\scripts\pygame-1.9.3-cp36-cp36m-win_amd64.whl
Installing collected packages: pygame
Successfully installed pygame-1.9.3
```

打开IDLE,输入"import pygame",若无任何错误信息,则表示Pygame已安装成功。

```
>>> import pygame
>>>
```

本书的第一条代码就是用Python打印出了"Hello World!"这段文字。这里,我们创建一个"Hello,Pygame!"程序,如下图所示,图中的Python图案会跟随鼠标的移动而移动。

以下是所有的代码，由于很多知识还未讲解，所以读者肯定会看不明白每一行代码都完成了什么功能，因此我在每一行代码的后面都对它的功能进行了注释。读者可以下载代码运行，但我建议你对着书本，把这些代码一个字母一个字母地敲出来，保存后再运行。

```python
background_image_filename = 'E:/kids coding images/pygame_logo.gif'
mouse_image_filename = 'E:/kids coding images/python-logo.png'
#指定图像文件名称
import pygame
#导入pygame库
from pygame.locals import *
#导入一些常用的函数和常量
from sys import exit
#向sys模块借一个exit函数用来退出程序

pygame.init()
#初始化pygame,为使用硬件做准备

screen = pygame.display.set_mode((676, 569), 0, 32)
#创建了一个窗口
pygame.display.set_caption("Hello, Pygame!")
#设置窗口标题

background = pygame.image.load(background_image_filename).convert()
mouse_cursor = pygame.image.load(mouse_image_filename).convert_alpha()
#加载并转换图像

while True:
#游戏主循环

    for event in pygame.event.get():
        if event.type == QUIT:
            #接收到退出事件后退出程序
            pygame.quit()
            exit()

    screen.blit(background, (0,0))
    #将背景图画上去

    x, y = pygame.mouse.get_pos()
    #获得鼠标位置
    x-= mouse_cursor.get_width() / 2
    y-= mouse_cursor.get_height() / 2
    #计算光标的左上角位置
    screen.blit(mouse_cursor, (x, y))
    #把光标画上去
    pygame.display.update()
```

此处先稍微讲解一下几个比较重要的部分。

set_mode会返回一个Surface对象，代表在桌面上出现的那个窗口，三个参数中第一个为元组，代表分辨率（必须）；第二个是一个标志位，如果不用什么特性，就指定为0；第三个为色深。

convert函数是将图像数据都转化为Surface对象，每次加载完图像以后就应该做这件事（事实上因为它太常用了，如果你不写，Pygame也会帮你做）；与convert相比，convert_ alpha保留了Alpha 通道信息（可以简单理解为透明的部分，就是控制图像的透明度），这样我们的光标才可以是不规则的形状。

游戏的主循环是一个无限循环，直到用户跳出为止。在这个主循环里做的事情就是不停地画背景和更新光标位置，虽然背景是不动的，但我们还是需要每次都画它，否则鼠标覆盖过的位置就不能恢复正常了。

blit是个重要函数，第一个参数为一个Surface对象，第二个为左上角位置。画完以后一定记得用update更新一下，否则画面一片漆黑。

读者先对Pygame程序有一个大概的印象，接下来我们会深入学习Pygame各部分的内容。

10.2 理解事件

上一节我们试着写了一个简单的Pygame程序，并且对它的大概框架作了初步的解释，从这一节开始我们就从"事件（event）"着手，开始学习Pygame各部分的内容。

事件是Pygame程序非常重要的一部分，这里的事件和我们日常生活中所讲的"事件"意思并无差别，只不过二者发生的场景有所不同。我们的第一个Pygame程序会一直运行下去，直到用户关闭窗口产生一个QUIT事件，程序才会停止运行。Pygame会识别用户进行的各种操作产生的事件（比如按键盘、移动鼠标等）。事件的发生是随机的，并且量可能会很大，Pygame的做法是对一系列已产生的事件进行排队，遵循先来后到的原则逐个处理。

我们先来看看Pygame是怎样进行事件检索的。

上一个程序中，使用了pygame.event.get( )来处理所有的事件，这好像打开大门让所有的人进入。如果我们使用pygame.event.wait( )，Pygame就会等到发生一个事件才继续下去，就好像你在门的猫眼上盯着外面一样，来一个放一个。这在一般游戏中不太实用，因为游戏往往是需要动态连续运作的。而另外一个方法pygame.event.poll( )就好一些，一旦调用，它就会根据现在的情形返回一个真实的事件"。

下表是一个常用事件集。

事件	产生途径	参数
QUIT	用户按下关闭按钮	none
ATIVEEVENT	Pygame 被激活或者隐藏	gain, state
KEYDOWN	键盘被按下	unicode, key, mod
KEYUP	键盘被放开	key, mod
MOUSEMOTION	鼠标移动	pos, rel, buttons
MOUSEBUTTONDOWN	鼠标按下	pos, button

续表

事件	产生途径	参数
MOUSEBUTTONUP	鼠标放开	pos, button
JOYAXISMOTION	游戏手柄 (Joystick or pad) 移动	joy, axis, value
JOYBALLMOTION	游戏球 (Joy ball) 移动	joy, axis, value
JOYHATMOTION	游戏手柄 (Joystick) 移动	joy, axis, value
JOYBUTTONDOWN	游戏手柄按下	joy, button
JOYBUTTONUP	游戏手柄放开	joy, button
VIDEORESIZE	Pygame 窗口缩放	size, w, h
VIDEOEXPOSE	Pygame 窗口部分公开 (expose)	none
USEREVENT	触发了一个用户事件	code

如果你想把这个表背下来，当然我不会阻止你，但这实在不是个好主意，因为在实际使用中，自然而然地就会记住。我们先来写一个可以把所有事件输出的程序，它的结果是这样的。

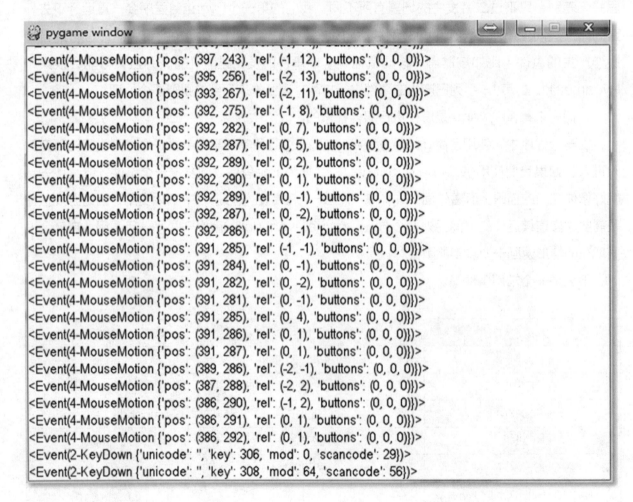

以下是源代码：

```
import pygame
from pygame.locals import *
from sys import exit

pygame.init()
SCREEN_SIZE = (640, 480)
screen = pygame.display.set_mode(SCREEN_SIZE, 0, 32)

font = pygame.font.SysFont("arial", 16)
font_height = font.get_linesize()
event_text = []

while True:

    event = pygame.event.wait()
    event_text.append(str(event))
    #获得时间的名称
    event_text = event_text[-SCREEN_SIZE[1]//font_height:]
    #这个切片操作保证了event_text里面只保留一个屏幕的文字

    if event.type == QUIT:
        pygame.quit()
        exit()

    screen.fill((255, 255, 255))

    y = SCREEN_SIZE[1]-font_height
    #找一个合适的起笔位置，最下面开始但是要留一行的空
    for text in reversed(event_text):
        screen.blit( font.render(text, True, (0, 0, 0)), (0, y) )
        #以后会讲
        y-=font_height
        #把笔提一行

    pygame.display.update()
```

在你移动鼠标、敲击键盘的时候这个程序产生了海量的信息，让我们知道了Pygame是多么繁忙。上节的程序是调用pygame.mouse.get_pos( )来得到当前鼠标的位置，而现在利用事件可以直接获得。

在对事件有了一个初步的了解之后，我们再对鼠标事件和键盘事件加深一下认识。

处理鼠标事件

MOUSEMOTION事件会在鼠标有动作的时候发生，它有三个参数：

pos —— 当前光标在屏幕上的坐标。

rel —— 代表了当前光标位置与上次光标位置的坐标之差。

buttons —— 一个含有5个数字的元组，1就是按下了左键，2是按下了滚轮，3是按下了右

键，4是向上滑动滚轮，5是向下滑动滚轮。

你可以运行getEvent.py验证以上说法。

类似的，我们还有MOUSEBUTTONDOWN和MOUSEBUTTONUP两个事件，看名字就明白是什么意思了。它们的参数为：

button —— 看清楚少了个s，这个值代表了哪个按键被操作。

pos —— 当前光标在屏幕上的坐标。

处理键盘事件

键盘和游戏手柄的事件比较类似，为KEYDOWN和KEYUP。下面用一个例子来演示移动方向键的功能。

```python
background_image_filename = 'E:/kids coding images/pygame_logo.gif'

import pygame
from pygame.locals import *
from sys import exit

pygame.init()
screen = pygame.display.set_mode((676, 569), 0, 32)
background = pygame.image.load(background_image_filename).convert()

x, y = 0, 0
move_x, move_y = 0, 0

while True:
    for event in pygame.event.get():
        if event.type == QUIT:
            pygame.quit()
            exit()
        if event.type == KEYDOWN:
            #键盘有按下？
            if event.key == K_LEFT:
                #按下的是左方向键的话，把x坐标减一
                move_x = -1
            elif event.key == K_RIGHT:
                #右方向键则加一
                move_x = 1
            elif event.key == K_UP:
                #类似了
                move_y = -1
            elif event.key == K_DOWN:
                move_y = 1
        elif event.type == KEYUP:
            #如果用户放开了键盘，图就不要动了
            move_x = 0
            move_y = 0

    #计算出新的坐标
    x+= move_x
    y+= move_y

    screen.fill((0, 0, 0))
    screen.blit(background, (x,y))
    #在新的位置上画图
    pygame.display.update()
```

运行这个程序，按下方向键，就可以使窗口中的背景图片移动。

KEYDOWN和KEYUP的参数描述如下：

key —— 按下或者放开的键值，是一个数字。估计很少有人能记住，所以在Pygame中你可以使用K_xxx来表示，比如字母a就是K_a，还有K_SPACE（空格键）和K_RETURN（回车键）等。

mod —— 包含了组合键信息，如果mod & KMOD_CTRL是真的话，表示用户在按下某个键的同时也按下了"Ctrl"键。类似的还有KMOD_SHIFT和KMOD_ALT。

unicode —— 你只需知道这代表了按下键的Unicode值即可，至于Unicode值是什么，你可以去百度了解一下。

事件过滤

并不是所有的事件都需要处理，就好像不是所有登门造访的人都是我们欢迎的一样。比如，俄罗斯方块就无视你的鼠标，而在游戏场景切换的时候，你按什么都是徒劳的。我们应该有一个方法来过滤掉一些我们不感兴趣的事件（当然我们可以不处理这些没兴趣的事件，但最好的方法还是让它们根本不进入我们的事件队列，就好像在门上贴着"XXX免进"一样），这可以使用pygame.event.set_blocked(事件名)来完成。如果有好多事件需要过滤，可以传递一个列表，比如pygame.event.set_blocked([KEYDOWN，KEYUP])，如果你设置参数None，那么所有的事件就都被打开了。与之相对的，我们使用pygame.event.set_allowed(事件名)来设定允许的事件。

10.3 显示模式

没有人可以否认好的画面是一款游戏吸引人最直接最诱人的因素，虽说滥画面高游戏度的作品也有，但优秀的画面无疑是一张过硬的通行证。

前面我们已经打开过显示窗口了，pygame.display.set_mode(xxx)就是创建一个游戏窗口。但有一个细节，我想一定有读者注意到了，就是我们创建出来的窗口没有办法改变其大小，而一般的程序窗口都能拖动边框来改变大小。因为Pygame默认显示窗口是不可以改变大小的，而事实上，很多游戏确实也不能改变显示窗口的大小。不过我们可以使用一个参数来改变这个默认行为。

```
screen=pygame.display.set_mode(SCREEN_SIZE, RESIZABLE, 32)
```

下面这个程序就实现了窗口大小的改变。

```
background_image_filename = "E:/kids coding images/pygame_logo.gif"

import pygame
from pygame.locals import *
from sys import exit

SCREEN_SIZE = (676, 569)

pygame.init()
screen = pygame.display.set_mode(SCREEN_SIZE, RESIZABLE, 32)

background = pygame.image.load(background_image_filename).convert()

while True:
    event = pygame.event.wait()
    if event.type == QUIT:
        pygame.quit()
        exit()
    if event.type == VIDEORESIZE:
        SCREEN_SIZE = event.size
        screen = pygame.display.set_mode(SCREEN_SIZE, RESIZABLE, 32)
        pygame.display.set_caption("Window resized to "+str(event.size))

    screen_width, screen_height = SCREEN_SIZE
    # 这里需要重新填满窗口
    for y in range(0, screen_height, background.get_height()):
        for x in range(0, screen_width, background.get_width()):
            screen.blit(background, (x, y))

    pygame.display.update()
```

10.4 字体模块

Ruby
Python
Programs
SCRIPTING

一个游戏再怎么简单也得有文字，至少有记分数的。Pygame可以直接调用系统字体，也可以使用TTF字体（TrueTypeFont是Apple公司和Microsoft公司共同推出的字体文件格式,现已成为最常用的一种字体文件表示方式）。为了使用字体，你得先创建一个Font对象，对于系统自带的字体：

```
my_font=pygame.font.SysFont("arial", 16)
```

第一个参数是字体名，第二个自然就是字体大小。一般来说，"Arial"字体在很多系统中都是存在的，如果找不到的话，就会使用一个默认的字体，这个默认的字体和每个操作系统相关。你可以使用pygame.font.get_fonts( )来获得当前系统所有可用字体，还有一个更好的方法，就是使用TTF字体：

```
my_font=pygame.font.Font("my_font.ttf", 16)
```

这个方法之所以好，是因为你可以把字体文件随游戏一起分发，避免用户机器上没有需要的字体。一旦你创建了一个font对象，就可以使用render方法来写字了，然后就能blit到屏幕上：

```
text_surface=my_font.render("Pygame is cool!", True, (0,0,0),
(255, 255, 255))
```

第一个参数是写的文字；第二个参数是个布尔值，表示是否开启抗锯齿，也就是说，若是True则字体会比较平滑，不过相应的速度会有一点点影响；第三个参数是字体的颜色；第四个参数是背景色，如果你不想有背景色（也就是透明的），那么可以不设第四个参数。

下面用一个小例子演示文字的使用，不过并不是显示在屏幕上，而是存为一个图片文件。

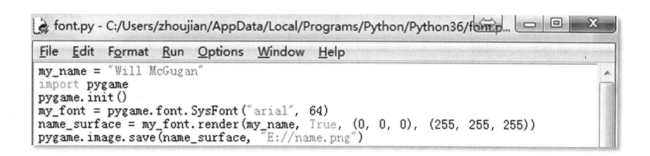

程序运行正确的话，读者就可以在E盘下面看见一个名为name的图片文件 name.png，打开后就会看见"Will McGugan"这几个字。当然，你也可以为自己取个英文名字，来替换"Will McGugan"。

但是如果我就想要显示中文名字，怎么办呢？首先你得用一个可以包含中文字库的字体，例如，宋体、黑体，或者你直接用中文TTF文件，然后文字选择unicode，即"中文的文字"，最后不要忘记在源文件里加上一句关于文件编码的"魔法注释"。先来看下面的例子。

```
# -*- coding: utf-8 -*-
# 记住上面这行是必须的，而且保存文件的编码要一致！
import pygame
from pygame.locals import *
from sys import exit

pygame.init()
screen = pygame.display.set_mode((640, 480), 0, 32)

font = pygame.font.SysFont("simsun.ttc", 40)

text_surface = font.render(u"你好", True, (0, 0, 255))

x = 0
y = (480 - text_surface.get_height())//2

while True:
    for event in pygame.event.get():
        if event.type == QUIT:
            pygame.quit()
            exit()

    screen.fill((255, 255, 255))
    x -= 1  # 文字滚动太快的话，改改这个数字
    if x < -text_surface.get_width():
        x = 640 - text_surface.get_width()

    screen.blit(text_surface, (x, y))

    pygame.display.update()
```

要查看系统自带了哪些字体库，可以在目录C:\Windows\Fonts下查看。为了让以上代码正常运行，读者需要把simsun.ttc文件拷贝到ChineseFont.py所在的目录下。

这里涉及的编码问题是非常复杂的，读者若要详细了解，可自行上网查阅资料（https://bindog.github.io/blog/2014/12/16/python-coding/）。需要说明的是，计算机最初是由外国人发明的，编程语言也是，创造者是以英文体系为背景的，所以当代码中涉及中文时，经常会出现问题。若要创造一套以中文体系为背景的编译器，也就是创造出这样一种编程语言，你就要去深入研究编译原理这门课，这是非常深奥的一门学科，有兴趣的读者可课后去了解。

10.5 色彩的威力

电脑游戏总是倾向于图像化，尽量要看得到听得到（现在的技术基本还局限于这两个感官），游戏开发者会花很大的力气在图像上，提升图像效果是游戏开发永恒的话题。这里主要讲述游戏中的视觉效果。

像素的威力

凑近显示器，你能看到图像是由一个个点构成的，这就是像素。一个1280×1024的显示器，就是水平方向含有像素数1280个，垂直方向含有像素数1024个，共1310720个像素。在屏幕尺寸一样的情况下，分辨率越高，显示效果就越精细和细腻。一般的32位RGB系统，每个像素可以显示1670万种颜色，我们可以写一个小程序来显示这么多的颜色。

```
import pygame
pygame.init()

screen = pygame.display.set_mode((640, 480))

all_colors = pygame.Surface((4096,4096), depth=24)

for r in range(256):
    print(r+1, "out of 256")
    x = (r&15)*256
    y = (r>>4)*256
    for g in range(256):
        for b in range(256):
            all_colors.set_at((x+g, y+b), (r, g, b))

pygame.image.save(all_colors, "E://allcolors.bmp")
```

运行可能有些慢，等E盘生成一个bmp图像文件，你就可以打开看看效果。

色彩的威力

色彩是一个很有趣的话题，比如蓝色和黄色混合会产生绿色。事实上，你可以用红、黄、蓝（光学三原色）混合出所有的颜色。电脑屏幕上的三原色是红、绿、蓝（RGB）。稍有点经验的图像设计者看到RGB的数值就能想象出大概的颜色。下面我们用一个小程序来加强直观认识。

```python
import pygame
from pygame.locals import *
from sys import exit

pygame.init()

screen = pygame.display.set_mode((640, 480), 0, 32)

def create_scales(height):
    red_scale_surface = pygame.surface.Surface((640, height))
    green_scale_surface = pygame.surface.Surface((640, height))
    blue_scale_surface = pygame.surface.Surface((640, height))
    for x in range(640):
        c = int((x/640.)*255.)
        red = (c, 0, 0)
        green = (0, c, 0)
        blue = (0, 0, c)
        line_rect = Rect(x, 0, 1, height)
        pygame.draw.rect(red_scale_surface, red, line_rect)
        pygame.draw.rect(green_scale_surface, green, line_rect)
        pygame.draw.rect(blue_scale_surface, blue, line_rect)
    return red_scale_surface, green_scale_surface, blue_scale_surface

red_scale, green_scale, blue_scale = create_scales(80)

color = [127, 127, 127]

while True:

    for event in pygame.event.get():
        if event.type == QUIT:
            pygame.quit()
            exit()

    screen.fill((0, 0, 0))

    screen.blit(red_scale, (0, 00))
    screen.blit(green_scale, (0, 80))
    screen.blit(blue_scale, (0, 160))

    x, y = pygame.mouse.get_pos()

    if pygame.mouse.get_pressed()[0]:
        for component in range(3):
            if y > component*80 and y < (component+1)*80:
                color[component] = int((x/639.)*255.)
        pygame.display.set_caption("PyGame Color Test - "+str(tuple(color)))

    for component in range(3):
        pos = ( int((color[component]/255.)*639), component*80+40 )
        pygame.draw.circle(screen, (255, 255, 255), pos, 20)

    pygame.draw.rect(screen, tuple(color), (0, 240, 640, 240))

    pygame.display.update()
```

这个程序稍稍有点难度，而且用到了一些没有讲到的知识（如pygame.draw）（我们以后会介绍）。在这个例子中，你可以用鼠标移动三个白点，代表了三原色的量。下面就是不同混合得到的结果，在标题上你可以看到RGB三个数值。

10.6 surface对象

掌握了小小的像素后，我们就可以使用更加复杂一点的东西了。对，就是图像——无数的像素组成的集合。对于2D游戏，图像可能就是一些背景、角色等，而3D游戏往往是大量的贴图。一般游戏不会在游戏的过程中动态生成图像，都是将画好的图像作为资源封装到游戏中。

在游戏中我们往往使用RGBA图像，这里A是alpha，表示透明度的部分，值的范围是0~255，0代表完全透明，255代表完全不透明，像100这样的数字，代表部分透明。

计算机有很多存储图像的方式（也就是有很多图片格式），比如，JPEG、PNG等，Pygame都能很好地支持。具体支持的常用格式如下：

- JPEG（Join Photographic Experts Group)，极为常用，一般后缀名为.jpg或.jpeg。数码相机中的照片、网上的图片基本都是这种格式。这是一种有损压缩方式，尽管对图片质量有些损坏，但对于减小文件尺寸很有效。优点很多，只是不支持透明。
- PNG（Portable Network Graphics）支持透明，属于无损压缩。对于网页设计、软件界面设计等都是非常棒的选择。
- GIF 在网上使用得很多，支持透明和动画，但只能有256种颜色，软件和游戏中很少使用。
- BMP是Windows上的标准图像格式，无压缩，质量很高但尺寸很大，一般不使用。

使用surface对象

surface对象究竟是什么呢？你可以把它看成Python表示图像的一种方式，一个surface对象具有固定的分辨率和像素格式，利用surface对图像进行操作会方便很多。对于Pygame而言，加载图片就是pygame.image.load，给它一个文件名，然后就还给你一个surface对象。尽管读入的图像格式各不相同，但surface对象隐藏了这些不同点。你可以对一个surface对象进行涂画、变形、复制等各种操作。事实上，屏幕也是一个surface对象，pygame.display.set_mode就返回一个屏幕surface对象。

创建surface对象

创建surface对象有两种方法，一种方法就是刚刚说的pygame.image.load，这个surface有着和图像相同的尺寸和颜色；另外一种方法是指定尺寸创建一个空的surface。下面的语句创建了一个256×256像素的surface：

```
bland_surface=pygame.Surface((256, 256))
```

如果不指定尺寸，那么就创建一个和屏幕一样大小的surface。

另外还有两个参数可选。

第一个参数是flags：

- HWSURFACE，类似于前面讲的，更快！不过最好不设定，Pygame可以自己优化。
- SRCALPHA，有Alpha通道的surface，如果你需要透明，就用这个选项。这个选项的使用需要第二个参数为32。

第二个参数是depth，和pygame.display.set_mode中的一样，你可以不设定，Pygame会自动设为和display一致。不过如果你使用了SRCALPHA，还是设为32吧！

```
bland_alpha_surface=pygame.Surface((256, 256), flags=SRCALPHA, depth=32)
```

转换surface

通常你不用在意surface里的具体内容，不过有时需要把这些surface转换一下以获得更好的性能。还记得本章一开始的程序中的两句话吗？

```
background=pygame.image.load(background_image_filename).convert( )
mouse_cursor=pygame.image.load(mouse_image_filename).convert_alpha( )
```

第一句是普通的转换，相当于display；第二句是带alpha通道的转换。如果你给convert或者convert_alpha一个surface对象作为参数，那么这个参数会被作为目标来转换。

矩形对象(Rectangle Objects)

一般来说，在制定一个区域的时候，矩形是必须的，比如在屏幕上的某一部位画东西。在Pygame中矩形对象极为常用，它的指定方法可以用一个四元素的元组，或者两个二元素的元组，前两个数为左上坐标，后两个数为右下坐标。

Pygame中有一个Rect类，用来存储和处理矩形对象（包含在pygame.locals中，所以如果你写了from pygame.locals import *，就可以直接用这个对象了），比如：

```
my_rect1=(100, 100, 200, 150)
my_rect2=((100, 100), (200, 150))
```

以上两种方法为基本方法，表示的矩形是一样的。

```
my_rect3=Rect(100, 100, 200, 150)
my_rect4=Rect((100, 100), (200, 150))
```

一旦有了Rect对象，我们就可以对其做很多操作，比如调整位置和大小，判断一个点是否在其中。这些内容以后会慢慢接触到，有兴趣的读者可以在http://www.pygame.org/docs/ref/

rect.html中找到Rect的详细信息。

剪裁(Clipping)

通常在编制游戏的时候你只需要绘制屏幕的一部分。比如游戏《魔兽》的界面上面是菜单，下面是操作面板，中间的小兵和英雄打得不可开交的时候，上下两部分也保持相对不动。为了实现这一目标，surface便用裁剪区域（clipping area），即一个矩形，定义了哪一部分会被绘制，也就是说，一旦定义了这个区域，那么只有这个区域内的像素会被修改，其他的位置保持不变。默认情况下，裁剪区域是所有地方。我们可以使用set_clip来设定，使用get_clip来获得这个区域。

下面演示一下如何使用这个技术来绘制不同的区域：

```
screen.set_clip(0, 400, 200, 600)
draw_map( )
#在左下角画地图
screen.set_clip(0, 0, 800, 60)
draw_panel( )
#在上方画菜单面板
```

子表面(Subsurface)

Subsurface就是在一个surface中再提取一个surface，当你在Subsurface上画东西的时候，同时也是向父表面上操作。这可以用来绘制图形或文字，尽管pygame.font可以用来写很不错的字，但只是单色的，游戏需要更丰富的表现形式。这时候你可以把每个字母（中文的话有些吃力了）各自做成一个图片，不过更好的方法是在一张图片上画满所有的字母，把整张图片读入，然后再用Subsurface把字母一个一个"抠"出来，就像下面这样：

```
my_font_image=pygame.image.load("E://kids coding images//pygame_
    logo.gif")
letters={}
letters["a"]=my_font_image.subsurface((0,0), (80,80))
letters["b"]=my_font_image.subsurface((80,0), (80,80))
```

填充surface

填充有时候可以作为一种清屏操作，把整个surface填上一种颜色：

```
screen.fill((0, 0, 0))
```

同样可以提供一个矩形来规定填充哪个部分（这也可以作为一种画矩形的方法）。

设置surface的像素

我们能对surface做的最基本的操作就是设置一个像素的色彩，set_at方法可以做到这一点，它的参数是坐标和颜色。下面的小脚本会随机地在屏幕上画点。

```python
import pygame
from pygame.locals import *
from sys import exit
from random import randint

pygame.init()
screen = pygame.display.set_mode((640, 480), 0, 32)

while True:
    for event in pygame.event.get():
        if event.type == QUIT:
            pygame.quit()
            exit()

    rand_col = (randint(0, 255), randint(0, 255), randint(0, 255))
    #screen.lock()     #很快你就会知道这两句lock和unlock的意思了
    for i in range(100):
        rand_pos = (randint(0, 639), randint(0, 479))
        screen.set_at(rand_pos, rand_col)
    #screen.unlock()

    pygame.display.update()
```

Blitting

blit可以译为位块传送（bit block transfer），其意义是将一个平面的一部分或全部图像整块从这个平面复制到另一个平面。

blit是对表面做得最多的操作，我们在前面的程序中已经多次用到。blit还有一种用法，往往用在对动画的表现上，比如下面的例子，通过改变frame_no的值，可以把不同的帧（同一幅图的不同位置）画到屏幕上：

```
screen.blit(ogre, (300, 200), (100 * frame_no, 0, 100, 100))
```

这一节的内容很多，但图像是游戏至关重要的部分，所以读者应多花时间研究。下一节我们开始讲图形的绘制。

10.7 绘制图形

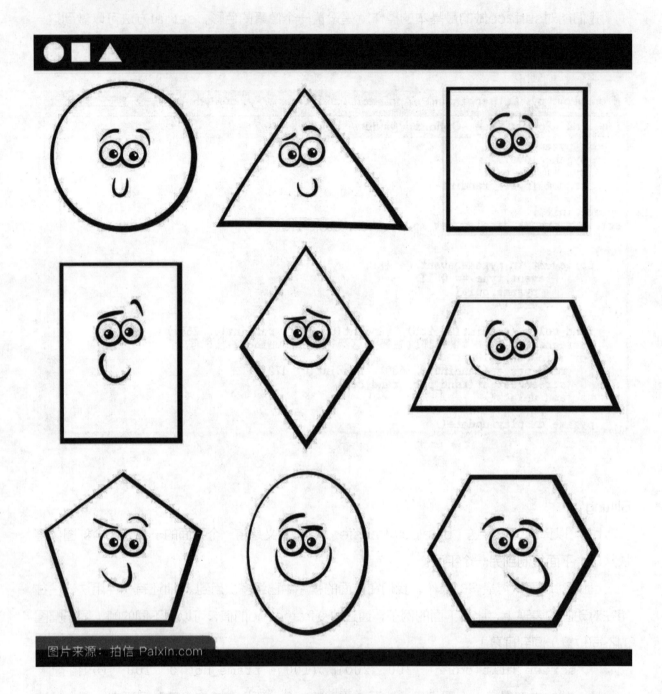

图片来源：拍信 Paixin.com

我们前面使用了pygame.draw中的一些函数，这个模块的作用是在屏幕上绘制各种图形。事实上，你可以不加载任何图片，只是用这些图形来制作一个游戏。

pygame.draw中函数的第一个参数总是一个surface，然后是颜色，再后会是一系列的坐标等。稍有些计算机绘图经验的人就会知道，计算机里的坐标(0，0)代表左上角。而返回值是一个Rect对象，包含了绘制的区域，这样你就可以很方便地更新那个部分了。

下表是一个常用函数表。

函数	作用
rect	绘制矩形
polygon	绘制多边形（三个及三个以上的边）
circle	绘制圆
ellipse	绘制椭圆
arc	绘制圆弧
line	绘制线
lines	绘制一系列的线
aaline	绘制一根平滑的线
aalines	绘制一系列平滑的线

我们下面详细说明各函数的用法。

pygame.draw.rect

用法：pygame.draw.rect(Surface，color，Rect，width=0)。

pygame.draw.rect是在surface上画一个矩形，rect接受一个矩形的坐标和线宽参数，若线宽是0或省略，则填充。我们有另外一个方法来画矩形——fill方法。事实上，fill可能还会快一点，因为fill由显卡来完成。

pygame.draw.polygon

用法：pygame.draw.polygon(Surface，color，pointlist，width=0)。

polygon就是多边形，用法类似于rect。第一、二、四个参数都是相同的，只不过polygon会接受一系列坐标的列表，代表了各个顶点。

pygame.draw.circle

用法：pygame.draw.circle(Surface，color，pos，radius，width=0)。

很简单，画一个圆。与其他函数不同的是，它接收一个圆心坐标和半径参数。

pygame.draw.ellipse

用法：pygame.draw.ellipse(Surface，color，Rect，width=0)。

你可以把一个ellipse想象成一个被压扁的圆。事实上，它是可以被一个矩形装起来的。pygame.draw.ellipse的第三个参数就是这个椭圆的外接矩形。

pygame.draw.arc

用法：pygame.draw.arc(Surface，color，Rect，start_angle，stop_angle，width=1)。

arc是椭圆的一部分，它的参数比椭圆多一点。但它是不封闭的，因此不用fill方法。start_angle和stop_angle为开始和结束的角度。

pygame.draw.line

用法：pygame.draw.line(Surface，color，start_pos，end_pos，width=1)。

绘制直线或线段。

pygame.draw.lines

用法：pygame.draw.lines(Surface，color，closed，pointlist，width=1)。

closed是一个布尔变量，指明是否需要多画一条线来使这些线条闭合，pointlist是一个点的数组。

上表中还有aaline和aalines，玩游戏的人都知道利用"抗锯齿（antialiasing）"效果会让画面更好看一些，模型的边就不会是锯齿形的了。这两个方法就是在画线的时候做这件事，参数和上面一样。

下面用一个详细的例子来演示以上各个方法：

```python
import pygame
from pygame.locals import *
from sys import exit

from random import *
from math import pi

pygame.init()
screen = pygame.display.set_mode((640, 480), 0, 32)
points = []

while True:

    for event in pygame.event.get():
        if event.type == QUIT:
            pygame.quit()
            exit()
        if event.type == KEYDOWN:
            # 按任意键可以清屏并把点回复到原始状态
            points = []
            screen.fill((255, 255, 255))
        if event.type == MOUSEBUTTONDOWN:
            screen.fill((255, 255, 255))
            # 画随机矩形
            rc = (randint(0,255), randint(0,255), randint(0,255))
            rp = (randint(0,639), randint(0,479))
            rs = (639-randint(rp[0], 639), 479-randint(rp[1], 479))
            pygame.draw.rect(screen, rc, Rect(rp, rs))
            # 画随机圆形
            rc = (randint(0,255), randint(0,255), randint(0,255))
            rp = (randint(0,639), randint(0,479))
            rr = randint(1, 200)
            pygame.draw.circle(screen, rc, rp, rr)
            # 获得当前鼠标点击位置
            x, y = pygame.mouse.get_pos()
            points.append((x, y))
            # 根据点击位置画弧线
            angle = (x/639.)*pi*2.
            pygame.draw.arc(screen, (0,0,0), (0,0,639,479), 0, angle, 3)
            # 根据点击位置画椭圆
            pygame.draw.ellipse(screen, (0, 255, 0), (0, 0, x, y))
            # 从左上和右下画两根线连接到点击位置
            pygame.draw.line(screen, (0, 0, 255), (0, 0), (x, y))
            pygame.draw.line(screen, (255, 0, 0), (640, 480), (x, y))
            # 画点击轨迹图
            if len(points) > 1:
                pygame.draw.lines(screen, (155, 155, 0), False, points, 2)
            # 和轨迹图基本一样，只不过是闭合的，因为会覆盖，所以这里注释了
            #if len(points) >= 3:
            #    pygame.draw.polygon(screen, (0, 155, 155), points, 2)
            # 把每个点画明显一点
            for p in points:
                pygame.draw.circle(screen, (155, 155, 155), p, 3)

    pygame.display.update()
```

运行这个程序，点击鼠标就会显示图形，按任意键可以重新开始。

❖ 开始了Python的游戏编程之旅。

❖ 认识了Pygame这个强大的游戏编程模块。

❖ 能使用Pygame进行简单的游戏编程。

1. 编写一个程序，随便选取一个图形（小一点），制作一个小游戏，游戏整体背景为白色，初始时将选取的图形显示在游戏界面的正中央，随后图形需要跟随使用者键盘上的方向键做相应方向的运动，一旦超出边界，请在界面上显示出越界信息。（注意本段程序主循环只需要识别QUIT时间和键盘点击事件）

2. 编写一个程序，显示一个画板界面，界面呈正方形，将界面等分为四个小正方形，分别在每个小正方形里画上红色的小矩形、绿色的圆、黄色的椭圆、蓝色的直线，每个图形的规格自己随意定，能够填充的图形需要填充，界面整体背景为白色。

第 11 章 再探 Pygame

是时候让我们的游戏活泼起来了。伟大的哲学家告诉我们,"运动是绝对的,静止是相对的"。同样,在游戏中,只有活动起来,游戏才会拥有生命,否则和看连环画有什么差别呢?电脑游戏和桌面游戏的一个巨大差别就体现在这个"动"字上。

本章讲述的内容需要一些线性代数的知识。好吧!有些夸张。不过如果你不明白,完全没关系,只要知道一些物理常识就够了!

11.1 帧率

现实生活中的物体,运动起来总是按照某种规律,而游戏中有些动作就可以非常不靠谱,比如吃豆人的大嘴巴永远以恒定的速度前进,可以瞬间转身或停止。现在的游戏中,制作者总是尽量把运动做得和现实贴近(尤其是赛车游戏等),一辆车的运动,可能是上百种力同时作用的结果。不过我们只要知道一些基础的常识就可以了,很多运动和力的计算,都有现成的代码供我们使用。

理解帧率

帧率(Frame Per Rate)是用于测量显示帧数的量度,测量单位为每秒显示帧数(Frame Per Second,简称FPS),FPS是游戏和硬件间较量的永恒话题。

只要记住几个常用的量:一般的电视画面是24 FPS;30 FPS基本可以给玩家提供流程的体验了;LCD的话,60 FPS是常用的刷新率,所以游戏的帧率再高也就没什么意义了;而绝大多数地球人都无法分辨70 FPS以上的画面了。

直线运动

我们先来看一下简单的直线运动，让图片中的小鲤鱼自己动起来。

```
background_image_filename = 'E://kids coding images//sea.jpg'
sprite_image_filename = 'E://kids coding images//fish.png'

import pygame
from pygame.locals import *
from sys import exit

pygame.init()

screen = pygame.display.set_mode((640, 480), 0, 32)

background = pygame.image.load(background_image_filename).convert()
sprite = pygame.image.load(sprite_image_filename)

# sprite的起始x坐标
x = 0

while True:
    for event in pygame.event.get():
        if event.type == QUIT:
            pygame.quit()
            exit()

    screen.blit(background, (0,0))
    screen.blit(sprite, (x, 100))
    x+= 10      #如果你的机器性能太好以至于看不清，可以把这个数字改小一些

    # 如果移动出屏幕了，就搬到开始位置继续
    if x > 640:
        x = 0

    pygame.display.update()
```

我想你应该调节一下"x += 10"来让这条鱼游得自然一点。在这种情形下，动画很简单，所以应该会运行很快；而有些时候动画元素很多，速度就会慢下来。这可不是我们想看到的。

关于时间

有一个解决上述问题的方法，就是让我们的动画基于时间运动。我们需要知道上一个画面到现在经过了多长时间，然后才能决定是否开始绘制下一幅。pygame.time模块给我们提供了一个Clock对象，使我们可以轻易做到这一点：

```
clock=pygame.time.Clock( )

time_passed=clock.tick( )

time_passed=clock.tick(30)
```

第一行初始化了一个Clock对象；第二行的意思是返回一个上次调用的时间（以毫秒计）；第三行非常有用，在每一个循环中加上它，那么给tick方法加上的参数就成了游戏绘制的最大帧率，这样游戏就不会用掉所有的CPU资源了。但是这仅仅是"最大帧率"，并不能代表用户看到的就是这个数字，有些时候机器性能不足，或者动画太复杂，实际的帧率达不到这个值，我们需要一种更有效的手段来控制动画效果。

为了在不同机器上有着一致的效果，我们其实是需要给物体（我们把这个物体叫作精灵，Sprite）恒定的速度。这样从起点到终点的时间是一样的，最终的效果也就相同了，差别仅仅是流畅度。请结合下面的图试着理解一下。

要求：屏幕上两点距离100像素，不管是在快还是在慢的机器上都要在1秒内完成精灵移动。

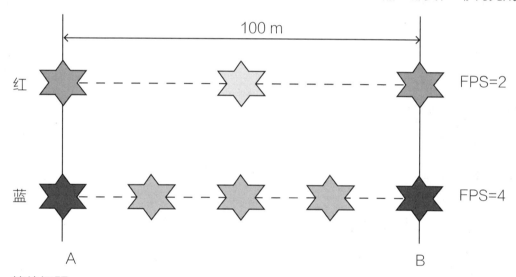

等价问题：
星星有闪光（瞬移）能力，但每秒能闪的次数不同，不过每次闪的距离是不限的。
现在A，B相距100 m，要求红星和蓝星都从A出发，一秒后到达B。
假设红星一秒能闪2次，蓝星一秒能闪4次。
红星的策略，每次闪50 m；蓝星的策略，每次闪25 m。

上图中的例子可以这样解释：在慢的机器上每帧移动50像素，在快的机器上每帧移动25像素。实际上，在移动过程中，视觉上来看蓝色明显比红色更为平滑，然而两者的最终结果都是一样的。

我们把上面的结论实际使用一下，假设让小鲤鱼每秒游动250像素，这样游动一个屏幕差不多需要2.56秒。我们需要知道，从上一帧开始到现在小鲤鱼游动了多少像素。这个算法很简单，速度*时间就行了，也就是250 * time_passed_second。我们刚刚得到的time_passed是毫秒，不要忘了除以1000。当然我们也可以假设小鲤鱼每毫秒游动0.25像素，这样就可以直接乘了。

```python
background_image_filename = 'E://kids coding images//sea.jpg'
sprite_image_filename = 'E://kids coding images//fish.png'

import pygame
from pygame.locals import *
from sys import exit

pygame.init()

screen = pygame.display.set_mode((780, 520), 0, 32)

background = pygame.image.load(background_image_filename).convert()
sprite = pygame.image.load(sprite_image_filename)

# Clock对象
clock = pygame.time.Clock()

x = 0
# 速度（像素/秒）
speed = 250

while True:

    for event in pygame.event.get():
        if event.type == QUIT:
            pygame.quit()
            exit()

    screen.blit(background, (0,0))
    screen.blit(sprite, (x, 100))

    time_passed = clock.tick()
    time_passed_seconds = time_passed / 1000

    distance_moved = time_passed_seconds * speed
    x += distance_moved

    if x > 640:
        x = 0

    pygame.display.update()
```

好了，这样看起来，不同屏幕上的小鲤鱼的游动速度都是一致的了。请牢牢记住这个方法，在很多情况下，通过时间控制要比直接调节帧率好用得多。

斜线运动

下面有一个更有趣的程序，不再是单纯的直线运动，而是有点像屏保一样，碰到了壁会反弹。从原理上来说，反弹只不过是把速度取反而已，并不涉及新知识。

```python
background_image_filename = 'E://kids coding images//sea.jpg'
sprite_image_filename = 'E://kids coding images//fish.png'
import pygame
from pygame.locals import *
from sys import exit

pygame.init()
screen = pygame.display.set_mode((640, 480), 0, 32)

background = pygame.image.load(background_image_filename).convert()
sprite = pygame.image.load(sprite_image_filename).convert_alpha()

clock = pygame.time.Clock()

x, y = 100., 100.
speed_x, speed_y = 133., 170.

while True:
    for event in pygame.event.get():
        if event.type == QUIT:
            pygame.quit()
            exit()

    screen.blit(background, (0,0))
    screen.blit(sprite, (x, y))

    time_passed = clock.tick(30)
    time_passed_seconds = time_passed / 1000.0

    x += speed_x * time_passed_seconds
    y += speed_y * time_passed_seconds

    # 到达边界则把速度反向
    if x > 640 - sprite.get_width():
        speed_x = -speed_x
        x = 640 - sprite.get_width()
    elif x < 0:
        speed_x = -speed_x
        x = 0.

    if y > 480 - sprite.get_height():
        speed_y = -speed_y
        y = 480 - sprite.get_height()
    elif y < 0:
        speed_y = -speed_y
        y = 0

    pygame.display.update()
```

关于运动就介绍到这里。读者应该已经明白，游戏中的所谓运动（尤其是2D游戏），不过是把一个物体的坐标改一下而已。

11.2 声音的原理

声音是游戏中必要的元素之一，音效可以给予用户良好的体验。赛车的时候听到振奋人心的引擎声和刹车时轮胎的摩擦声，射击游戏中枪支弹药的音效和呐喊助威的嗓音，无一不让人热血沸腾。

宛若电影，最初的电影是无声的，自从1927年第一部公认的有声电影放映之后，人们的娱乐项目一下子丰富了好多。游戏也是，好的配音绝对可以给我们的作品增色不少。

什么是声音

声音的本质是振动，通过各种介质传播到我们的耳朵里。基本上任何物体都可以振动，比如我们敲打桌子，桌子表面会快速振动，推动附近的空气一起振动，而这种振动会传播（就像往水中扔一颗石子，水波会慢慢传播一样），最终进入我们的耳道，使得鼓膜振动，引起我们的听觉。

振动的幅度（响度）越大，听到的声音也就越大。这个很好理解，我们越用力拍桌子，声音也就越大（同时手也越疼）。振动的快慢（音调）也会直接影响我们对声音高低的判断，也就是平时说的高音和低音的差别。决定音调的要素是每秒振动的次数，也就是频率，单位是赫兹(Hz)。比如，100 Hz表示这个振动在1秒内进行了100次。音色也是声音的一个重要指标，敲打木头和敲打金属听到的声音完全不同，就是音色的作用，它是由振动的波形决定的。

现实中很多声音都是由许多不同的声音组合而成的。声音在传播的过程中也会发生变化，最明显的就是随着距离增大，响度会减小；而在不同的环境中，因为反射和混合，声音的效果也完全不一样。但在游戏中为了追求更好的声音效果，可以忽略一些现实因素。

声音的存储

声音完全是一种模拟信号,而计算机只能存储数字(二进制)信号,那怎么办呢?当然是数字化。

以最常见的WAV文件为例,要把声音记录成WAV格式,计算机要先把声音的波形"画在一张坐标纸上",然后看"横坐标第一格处,波形图的纵坐标是多少"。哦,差不多是500(这里仅是打比方,而且这个"差不多"很关键)。那么横坐标第二格呢?……最后,计算机就得出一大堆坐标值,再经过一些其他后续工作,计算机就把这些坐标值保存下来了。

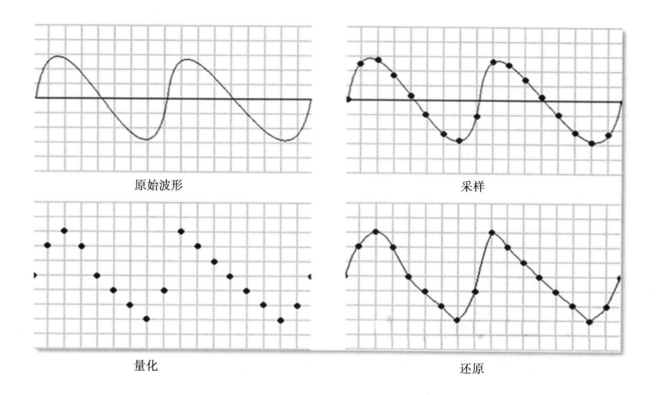

原始波形　　　　　　　　　　采样

量化　　　　　　　　　　还原

当要放音的时候,计算机要根据这些坐标值在坐标纸上画点,最后用线把点连起来,差不多就把原先的波形还原出来了。其实数字化录音基本上就是这样的原理。

计算机记录波形时,用的坐标纸格子越密,记录下来的点自然就越多、越精确,将来还原出来的波形就越接近原始波形。上述例子中横坐标轴格子的密度就相当于采样频率(比如,44.1 kHz),纵坐标格子的密度就相当于量化精度(比如,16 BIT)。采样频率和量化精度越高,音乐的音质就越好。

WAV是一种无压缩的格式,体积最大。此外,还有OGG格式,是无损压缩,可以完全保持图像的本真,且体积比较小。还有常用的MP3格式,是有损压缩格式。

Pygame中声音的初始化

在Pygame中，使用mixer模块来播放声音。不过在实际播放之前，我们需要使用pygame.mixer.init函数来初始化一些参数，在有的平台上，pygame.mixer.init会随着pygame.init一起被初始化，因此Pygame干脆提供了一个pygame.mixer.pre_init( )来进行最先的初始化工作。相关参数说明如下：

- frequency —— 声音文件的采样率，尽管高采样率可能会降低性能，但是再差的声卡都可以轻松对应44.1 kHz的声音回放，所以就设这个值吧。
- size —— 量化精度。
- stereo —— 立体声效果，1：mono（单声道），2：stereo（立体声），一般设2好了。
- buffer —— 缓冲大小，2的倍数，设4096就差不多了。

你可以这样初始化声音：

```
pygame.mixer.pre_init(44100, 16, 2, 4096)
pygame.init( )
```

这里先用pre_init来设定参数，然后在pygame.init中初始化所有的东西。

如果你需要重新设定声音的参数，那么需要先执行pygame.mixer.quit，然后再执行pygame.mixer.init，不过一般用不到。

11.3 如何使用声音

Sound对象

在初始化声音系统之后，我们就可以读取一个音乐文件到一个Sound对象中了。pygame.mixer.Sound( )接受一个文件名，或者也可以是一个文件对象。

```
hello_sound=Pygame.mixer.Sound("E://kids coding images//hello.ogg")
hello_sound.play( )
```

你完全可以先录制一段自己的声音，保存下来，格式可自定，然后使用play方法播放出来。play(loop, maxtime)可以接受两个参数，loop自然就是重复的次数，-1意味着无限循环，1是重复两次，记住是重复的次数而不是播放的次数；maxtime是指多少毫秒后结束。当你不使用任何参数调用的时候，意味着把这个声音播放一次。一旦play方法调用成功，就会返回一个Channel对象，否则返回一个None。

Channel对象

Channel，就是声道，是可以被声卡混合（共同）播放的数据流。游戏中可以同时播放的声音是有限的，Pygame中默认是8个。你可以通过pygame.mixer.get_num_channels( )来查询当前系统可以同时播放的声道数，而一旦超过限制，调用sound对象的play方法就会返回一个None。如果你确定自己要同时播放很多声音，可以用set_num_channels( )来设定，最好一开始就设，因为重新设定会停止当前播放的声音。

那么Channel对象有什么用呢？如果你只是想简单地播放一下声音，那么根本用不到它。如果你想创造出有意境的声音，比如说一辆火车从左到右呼啸而过，那么应该是一开始左声道比较响，然后声音正常，最后右声道比较响，直至慢慢消失。这就是Channel对象能做到的事情。Channel的set_volume(left，right)方法接受两个参数，分别是代表左声道和右声道的音量的小数，从0.0~1.0。

下面我们来修改xieXian.py文件，让小鲤鱼在碰撞窗口边框的时候发出声音。需要修改以下两个部分。

```
x, y=100., 100.
speed_x, speed_y=133., 170.
hit=pygame.mixer.Sound("E://kids coding images//hit.ogg")
hit.set_volume(0.4)
#用于调节音量


#到达边界则把速度反向
if x > 640 - sprite.get_width():
    speed_x=-speed_x
    x=640 - sprite.get_width()
    hit.play()
elif x < 0:
    speed_x=-speed_x
    x=0
    hit.play()
if y > 480 - sprite.get_height():
    speed_x=-speed_x
    y=480 - sprite.get_height()
    hit.play()
elif y < 0:
    speed_y=-speed_y
```

```
y=0
hit.play()
```

咱们的游戏终于有声音了，太棒了！那么，是不是游戏的背景音乐也用mixer来播放呢？这不是一个好主意，因为背景音乐往往很长，比较占资源，Pygame提供了另外一个pygame.mixer.music类来控制背景音乐的播放，这是我们下面要讲的内容。

11.4 音乐播放

pygame.mixer.music可用来播放MP3和OGG音乐文件，不过MP3并不是所有系统都支持（Linux就默认不支持MP3播放），所以最好还是都用OGG文件。

我们使用pygame.mixer.music.load( )来加载一个文件，然后使用pygame.mixer.music.play( )来播放，这里并没有一个类似Music的类和对象，因为背景音乐一般只要有一个在播放就可以了，不放的时候就用stop( )方法来停止。

下面我们就为小鲤鱼的游戏加上一段好听的背景音乐吧！

你只需要在xieXian.py文件中做如下改动即可。

```
x, y=100., 100.
speed_x, speed_y=133., 170.
hit=pygame.mixer.Sound("E://kids coding images//hit.ogg")
hit.set_volume(0.3)
#用于调节音量

pygame.mixer.music.load("E://kids coding images//snowdreams.ogg")
pygame.mixer.music.set_volume(0.5)
pygame.mixer.music.play()
```

最后做一个关于音效和音乐方法的总结。

Sound对象

方法名	作用
fadeout	淡出声音，可接受一个数字（毫秒）作为淡出时间
get_length	获得声音文件长度，以秒计
get_num_channels	声音要播放多少次
get_volume	获取音量（0.0～1.0）

续表

方法名	作用
play	开始播放，返回一个 Channel 对象，失败则返回 None
set_volume	设置音量
stop	立刻停止播放

Channels对象

方法名	作用
fadeout	淡出声音，可接受一个数字（毫秒）作为淡出时间
get_busy	若正在播放，则返回 true
get_endevent	获取播放完毕时要做的 event，没有则为 None
get_queue	获取队列中的声音，没有则为 None
get_volume	获取音量（0.0~1.0）
pause	暂停播放
play	开始播放，返回一个 Channel 对象，失败则返回 None
queue	将一个 Sound 对象加入队列，在当前声音播放完毕后播放
set_endevent	设置播放完毕时要做的 event
set_volume	设置音量
stop	立刻停止播放
unpause	继续播放

Music对象

方法名	作用
fadeout	淡出声音，可接受一个数字（毫秒）作为淡出时间
get_endevent	获取播放完毕时要做的 event，没有则为 None
get_volume	获取音量（0.0~1.0）
load	加载一个音乐文件
pause	暂停播放
play	开始播放，返回一个 Channel 对象，失败则返回 None
rewind	从头开始重新播放
set_endevent	设置播放完毕时要做的 event

续表

方法名	作用
set_volume	设置音量
stop	立刻停止播放
unpause	继续播放
get_pos	获得当前播放的位置，以毫秒计

至此，python基础部分就结束啦！辛苦大家！

- 更加深入地认识了Pygame模块。
- 能够让简单的小游戏更加丰富多彩。

编写一个程序，显示一个背景为白色的正方形界面，当使用者第一次点击鼠标时，随机在中心生成一个小球，半径自定（小一点），颜色随机，速度随机，小球将沿着随机方向进行匀速直线运动，遇到边界后反射回边界内。当使用者再次点击鼠标时，小球的颜色随机变换成另一种颜色，速度和方向再次随机改变。

第12章 玩游戏吧！

下面两个小游戏的源代码可通过我们的网站获取（二维码公众号"启程学堂"），这里只作简单介绍。

12.1 坦克大战

在60秒的时间内，两个坦克通过移动射击子弹得分，最后谁的得分高谁就获胜。player1通过按"WSAD"键分别进行前进、后退、左转、右转操作；按"J"键发射子弹。player2通过上、下、左、右键进行相应的操作，按"Tab"键发射子弹。

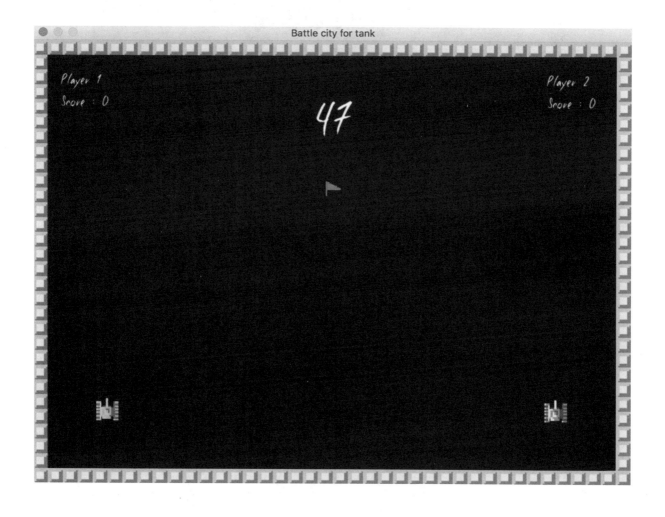

一局结束后可以按空格键开启下一轮，也可以直接退出。

12.2 战斗机

击杀从天而降的战斗机得分。

游戏初始，战斗机有三条生命和三个全场灭杀的炸弹，上、下、左、右移动，打中战斗机即可得分，还可以吃掉落下来的东西——全场灭杀的炸弹，以及获取一段拥有双弹机会的时间。

碰撞到飞机就会损失一条命，三条命都消耗完就会退出。

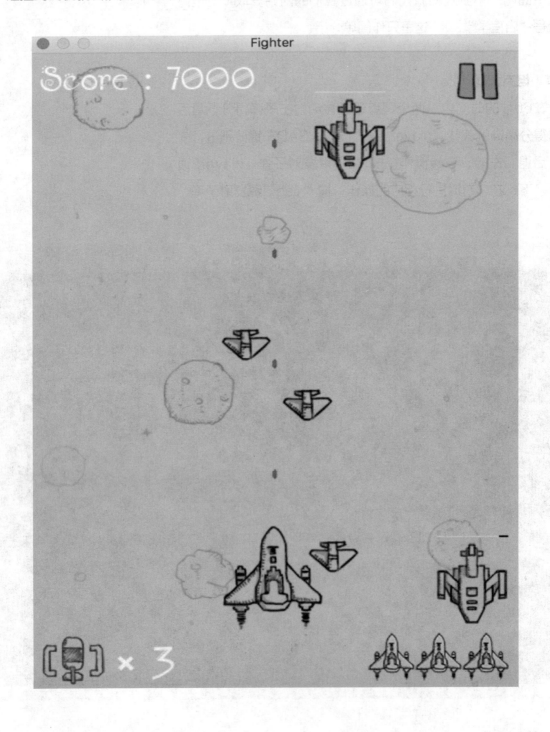

高阶篇
实战演练

第13章 Python 与人工智能

2017年，被业界称为中国人工智能元年。这一年前后，发生了很多始于人工智能领域的大事件，深深影响了世界各个领域。

事件1：2016年6月，DeepMind团队(Google旗下的)的AlphaGo (一个围棋的人工智能程序)以4:1战胜顶尖人类职业棋手李世石，轰动了全世界。2017年5月，中国围棋天才柯洁与AlphaGo对决，最终连输三盘。2017年12月，DeepMind团队又提出了全新的强化学习算法的AlphaZero，可以用8小时训练击败李世石版本的AlphaGo；用4小时训练击败世界顶级的国际象棋程序Stockfish；再用2小时训练击败世界顶级象棋程序Elmo。

事件2：2017年5月，大疆推出人脸识别无人机"晓"Spark，首次引入了人脸检测功能，还首次加入了手势控制功能，用户可以通过手势对Spark进行近距离控制。

事件3：2017年7月，百度宣布其自驾车软件可供任何想下载的人使用，而且免费，其新的 "阿波罗（Apollo）" 平台向任何公司（包括其竞争对手）免费提供自主驾驶软件，这些软件随后可被量身定制，开发他们自己的自主驾驶车辆。

事件4：2017年7月，专注于计算机视觉和深度学习的AI领军企业商汤科技宣布完成4.1亿美元B轮融资，创下全球人工智能领域单轮融资最高纪录，商汤科技也成为全球融资额最高的人工智能独角兽企业。

事件5：2017年9月，华为发布世界首款AI手机芯片：华为在柏林公布最新的麒麟970芯片，这是世界首款带专用人工智能元素的手机芯片。

事件6：2017年10月，三星在开发者峰会上发布了旗下人工智能语音助手Bixby 2.0版本，称这是一款"说人话"的产品。

事件7：2017年10月，世界上首个机器人Sophia获得公民身份，机器人Sophia正式获得了沙特的公民身份，成为第一个有公民身份的机器人。

事件8：2017年10月，阿里宣布投资千亿成立达摩院，在全球各地建立实验室，启动人工智能领域争夺战计划。

……

透过这些大事件，我们可以看到人工智能发展日新月异。在过去的十几年时间里，互联网、智能手机、搜索引擎、社交网络等信息技术产业的科技成果，已极大地方便了我们的生活。我们有理由相信，在未来的十几年时间里，我们的生活还将发生翻天覆地的变化。

作为祖国的未来，我们不应该"两耳不闻窗外事，一心只读圣贤书"，而应该与时俱进，积极主动地参与到这场由人工智能主导的信息技术行业乃至各个行业的重大变革中。因此，尽早了解人工智能的一些基础知识，动手编写一些人工智能的小程序，亲手触摸一下新科技的脉搏，是我们当下完全可以做到的事情。

13.1　人工智能漫谈

内容部分选自　　https://www.jiemian.com/article/1022587.html　　界面《人工智能杂谈》

　　　　　　　　http://www.sohu.com/a/147020516_468626　　搜狐科技《人工智能与认知科技》

什么是人工智能？人工智能有个广为人知的名字——AI，全称为Artificial Intelligence，是计算机科学的一个分支。从1956年被公认为一门学科之后，至今已经历了60多年的发展。

说起人工智能，一些人眼中泛起的是希望的曙光，另一些人眼中则流露出了忧虑和谨慎。

2014年，特斯拉和SpaceX的创始人伊隆·马斯克（Elon Musk）就曾公开表示：我需要盯着人工智能的一举一动，因为我认为它有潜在的危险。同年，英国著名物理学家史蒂芬·霍金（Stephen Hawking）用仿若机器的声音指出：开发全面的人工智能可能会致使人类灭亡。但在绝大多数人的印象中，人工智能还停留在影视作品中。

Part 1　人工智能现在怎么样？——硕果累累，又遥不可及

从20世纪90年代到现在，人工智能经历了一个发展的黄金期，硕果累累，尤其是在专用网络方面，已经获得了爆发性的成果。

1. AlphaGo是里程碑，但谈不上飞跃

2016年，由Google公司DeepMind开发的围棋程序AlphaGo战胜韩国著名选手李世石，首次在围棋上战胜人类。

人类在最不可能被战胜的项目上被AI战胜了，这可以说是人工智能发展的一个里程碑，但要说这是人工智能的飞越显得有些中气不足，人工智能距离我们依旧很远。

相比于1997年在国际象棋上击败了人类的深蓝，无论是从算法的先进性还是从计算的深度等方面来看，AlphaGo无疑是进步的。

2. 战胜了人类，并不代表学会了人的思维

AlphaGo真正可以像人类选手那样理解围棋吗？答案就未必了。AlphaGo的整个学习过程是一个不断自我矫正的过程，编程人员没有将围棋规则告诉AlphaGo，只是不断输入各种对弈的数据，然后从结果上告诉AlphaGo是输还是赢；AlphaGo再自我对弈通过不断的测试，把不能赢棋的下法统统淘汰，保留可以赢的下法。

正如复旦大学计算机科学技术学院教授危辉所说，AlphaGo不懂围棋，只是记下了海量的"布局VS布局"映射关系。所谓的类推理能力，是以现有的巨大体量数据为基础，由海量样本间相似性得到的，其实根本没有创新。

这可以说AlphaGo学会了在19×19的围棋盘上的制胜策略，但不能说AlphaGo真正理解了围棋。假如我们现在让李世石和AlphaGo再对弈一局，规则不变，只是把棋盘从标准的19×19的棋盘换成24×15的非标准长方形棋盘，在双方都是第一次对弈的情况下，李世石可以根据以往的经验，很快找到规律和制胜策略；而缺少了对弈案例和学习的AlphaGo也许只能两眼一抓瞎。

3. 人工智能要颠覆人类？还欠点火候

人工智能先驱硅谷"老炮儿"皮埃罗·斯加鲁菲（Piero Scarruffi）在AlphaGo获胜时对它大泼冷水，认为这没什么值得骄傲的，他表示"AlphaGo除了下围棋之外，连一只苍蝇都不如"。或许通过学习AlphaGo在其他方面也可以胜过人类，但这也说明了AlphaGo所代表的人工智能在泛用性上显得有些欠缺。

除了AlphaGo外，在各种专业问题的处理上，也已经开始应用人工智能。例如，近期在线直播火爆，因此有些公司开始涉入直播鉴黄这个细分领域，阿里巴巴和腾讯分别拥有阿里绿网、万象优图两大鉴黄系统。而在创业公司方面，较为有名的有图普科技、飞搜科技、深图智服等公司。腾讯的万象优图鉴别案例，通过学习已经能识别大部分违规图片和视频。这些在各个领域发展得风生水起的人工智能，从分类上来说可以归类为弱人工智能（Artificial Narrow Intelligence，ANI）。ANI可以帮助我们在生产生活中提高效率，"智能"或许可以让我们活得更好，但距离革命性地颠覆我们的生活还有一定的距离。人工智能看似距离我们很近，实际上却又很远。

Part 2　发展的瓶颈——弱人工智能ANI或许将伴随我们很长时间

不少人相信，我们所期待的像影视作品中一样的人工智能会很快到来，然而从现实情况看，可能有些过于乐观了。

1. 你认为的人工智能究竟在哪个层级

一般来说，人工智能可以分为三个层级。

目前我们所熟知的包括AlphaGo在内的种种人工智能，都仅能被称为弱人工智能。弱人工智能是擅长于某个方面的人工智能，比如AlphaGo能战胜围棋世界冠军，但是它只会下围棋，你若问它怎样更好地在硬盘上储存数据，它就不知道怎么回答你了。

而影视作品中出现的人工智能，比如《西部世界》里面的各种人造人，从级别上划分应该属于强人工智能或泛用人工智能（Artificial General Intelligence，AGI）。强人工智能是指在各方面都能和人类比肩的人工智能，人类能干的脑力活儿它都能干。Linda Gottfredson教授把智能定义为"一种宽泛的心理能力，能够进行思考、计划、解决问题、抽象思维、理解复杂理念、快速学习和从经验中学习等操作"。强人工智能在进行这些操作时应该和人类一样得心应手。也可以说，强人工智能可以通过"图灵测试"。

更进一步的人工智能，科学家们将它定义为超人工智能（Artificial Superintelligence，ASI）。牛津哲学家、知名人工智能思想家Nick Bostrom把超人工智能定义为"在几乎所有领域都比最聪明的人类大脑聪明很多，包括科学创新、通识和社交技能"。超人工智能可以是各方面都比人类强一点，也可以是各方面都比人类强万亿倍。超人工智能正是人工智能这个话题如此火热的缘故，同样也是永生和灭绝这两个词会在影视作品中多次出现的缘故。

2. 从ANI到ASI需要克服的两大难题——算法和运算能力

从弱人工智能ANI到泛用人工智能AGI，再到超人工智能ASI，虽然只有一字之差，实现的难度却不可同日而语。

首先我们面临的是算法上的难题。

在人工智能的发展过程中，人工智能其实很早就解决了一些人类看似非常困难的问题，例如证明几何定理、解决现代数学应用题等，这些早在20世纪70年代左右就已经被人工智能攻克。但是诸如语音语义识别、图像识别、让机器学会两腿行走等，这些在我们看来稀松平常的事情，人工智能却发展了很长时间才做到。这种现象叫作莫拉维克悖论，也就是说，和我们的常识相左，人类所独有的高阶智慧能力实际上只需要非常少的计算能力，但是无意识的技能和直觉却需要极大的运算能力。一些我们觉得困难的事情——微积分、金融市场策略、翻译等，对于计算机来说都太简单了；而我们觉得容易的事情——视觉、动态、移动、直觉等，对计算机来说太难了。

正如计算机科学家Donald Knuth所说：人工智能已经在几乎所有需要思考的领域超过了人类，但是在那些人类和其他动物不需要思考就能完成的事情上，还差得很远。

除了算法上的难题外，还有来自运算能力的制约。

目前，硅芯片的工艺从90 nm、45 nm、22 nm，到现在最成熟的14 nm，虽然单位面积内的计算单元越来越多，造价越来越便宜，但这个发展速度已经逐渐放缓。最好的例子是英特尔在14 nm的工艺上固守了好多年，迟迟没有往下缩小。虽然不断有新工艺产生，台积电和三星都在为了将工艺水平提升到10 nm甚至7 nm而不断努力，但考虑到成本、功耗、散热等条件的

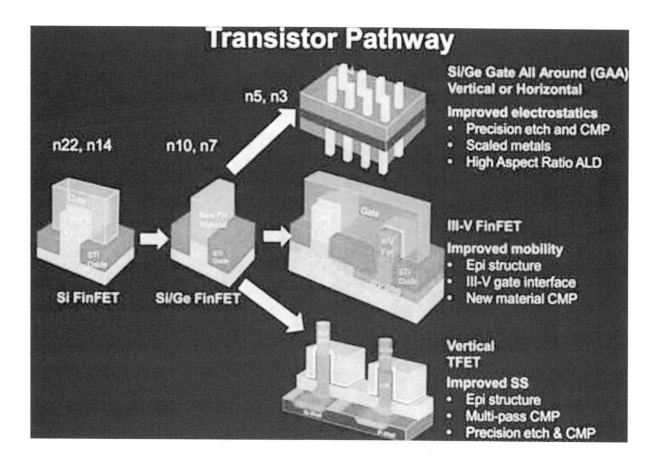

制约,这种进步的过程只会越来越慢。曾经对IT行业影响长达半个世纪的"摩尔定律"已经走到了尽头。

有人说,一块芯片不行,用很多块芯片合起来不就行了?再不行还有云计算啊。在不考虑功耗和实用性的情况下,多重CPU/GPU的串联、并联或许可以增强一些运算能力,但这样的处理方式会让计算受到响应速度和传输速度的影响,最终也会达到极限。同理,云计算也是一样的。

算法和运算能力这两个条件并不是孤立的,而是相互制约的,现实中,人工智能的发展受到运算能力的约束更多一些。比如,从深蓝到AlphaGo,实际上就是运算能力的突破所带来的算法的突破。

3. 和人类一样聪明需要多大的运算量

要达到强人工智能AGI级别,让人工智能变得和人类一样聪明,至少要让人工智能具备和人类大脑相似的运算能力。

用来描述运算能力的单位叫作cps(calculations per second,每秒计算次数),要计算人脑的cps只要了解人脑中所有结构的最高cps,然后加起来就行了。谷歌的技术总监Kurzweil曾经做过一个估算,其结论是人脑的cps是10^{16},也就是1亿亿次计算每秒。

现在最快的超级计算机中国的"天河二号",其实已经超过这个运算能力了,"天河二号"每秒能进行3.4亿亿次计算。当然,"天河二号"占地720 m²,耗电2.4×10^7 W,耗费了3.9亿美元建造,不论是商业运用还是工业运用成本都是很贵的,所以很难广泛应用。

Kurzweil认为,考虑计算机的发展程度的标杆是看1000美元能买到多少cps,当1000美元能买到人脑级别的1亿亿运算能力的时候,强人工智能可能就是生活中的一部分了。这显然是一个有些久远的目标。

综合前文所述,弱人工智能可能会在不同的方面分别渗入我们的生活中,我们的生活也会因为弱人工智能而变得便利。但从目前来看,除非有特别重大的基础科学和材料科学方面的突破,以解决目前的运算瓶颈,否则强人工智能依旧会离我们很遥远。超人工智能更是个遥遥无期的设想。

Part 3 一些实际的问题

有了前面两部分关于人工智能的发展和前景的论述,接下来我们就可以对一些实际的问题进行畅想了。

1. AI会抢人类的工作吗

毫无疑问,在某些领域,弱人工智能ANI已经开始替代人类了。

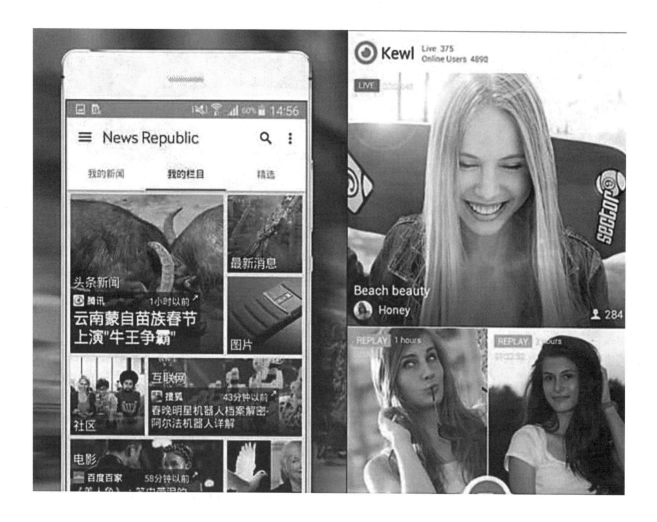

例如，猎豹移动的News Republic，利用数据分析和挖掘等手段了解用户的新闻取向以及使用习惯，通过智能编辑给用户推荐丰富多彩的个性化新闻内容，同时通过不断自我学习和优化，让界面实现"千人千面"，这代替了传统页面编辑的工作。而猎豹移动的Live.me依靠人工智能，识别直播中有黑屏、停顿，或是主播进行色情表演等问题，识别率高达90%。这代替了审核人员的职能。

News Republic、Live.me的推荐、审核等功能都运用了人工智能。近年来大红大紫的科大讯飞，其在语音语义识别上已经达到了97%的准确率，其推出的速记产品"讯飞听见"在多个大型会议上都有出色的表现，对语音的判断和语义的识别已经达到了专业速记的水平。

又如，参加过猎豹CONNECT大会的"格灵深瞳"，其研发出了"深瞳无人监控安防系统"，一举解决了传统安防监控行业"看不见"和"找不到"的行业基本痛点。传统的安防监控中心，一个保安需要同时看几十甚至上百路视频，即使发生了异常事件，能够被保安看到的概率也是非常小的；而当异常事情发生以后，需要靠人力去大量的硬盘数据里面寻找线索，这是一项极其浩大的工程，耗时特别长，效率特别低。"格灵深瞳"的产品可以代替保安盯屏幕的工作，从而安防单位可以将人力投入更加重要的事情中。

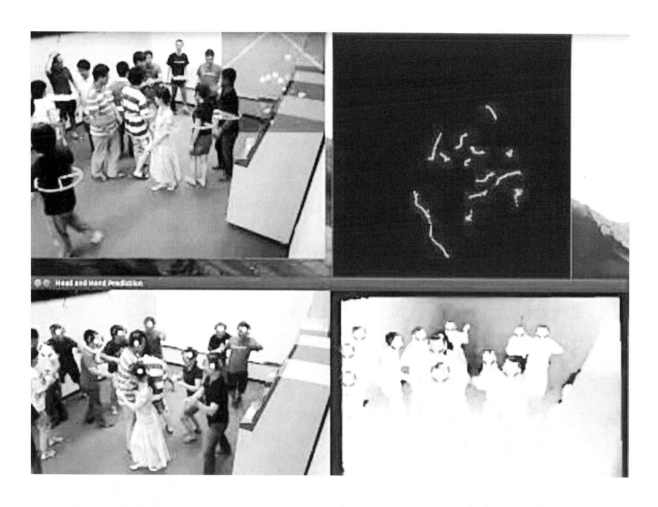

通过以上案例我们不难想象，人工智能将对一些低创新、规律简单、重劳力的岗位冲击很大。在目前的技术条件下，随着学习过程的不断完善，人工智能也将不断完善。自动驾驶、智能泊车等系统将对驾驶行业产生巨大冲击；而通过大量学习、不断完善的客服系统将对人工客服产生不小的冲击。

人工智能在一段时间内不大可能取代人类做一些需要拥有思维能力和创新能力的工作，原因是智能程度达不到相应的要求。因此，艺术行业、公关、HR、营销、科技创新、管理等职位不会被AI所取代，但AI会对这些行业产生深刻的影响。

2. 我们和AI会是什么关系

正如前文所说，人工智能或许会长时间处于弱人工智能ANI阶段。未来的工作方式可能是"智能+人工"，在一些AI擅长的领域，AI或许将帮助人类做一些繁重的逻辑、计算工作，以及提出方案、计算可行性等，而人类将在AI的帮助下进行工作。

比如在金融市场领域，目前已经有很多基金采用"智能+人工"的操作方式。伦敦的对冲基金机构Castilium由金融领域大佬与计算机科学家共同创建，包括前德意志银行衍生品专家、花旗集团前董事长兼首席执行官和麻省理工学院的教授。他们采访了大量交易员和基金经理，复制分析师、交易员和风险经理们的推理和决策过程，并将它们纳入算法中。又如坐落在香港的Aidyia致力于用人工智能分析美股市场，依赖多种AI的混合，包括遗传算法(genetic evolution)、概率逻辑(probabilistic logic)，系统会分析大盘行情以及宏观经济数据，之后会做出市场预测，并对最好的行动进行表决。

3. 我们会为AI工作吗

那些担心我们会为AI工作的人也大可放心，就前文列举的诸多事实来看，在未来公司管理运营方面人工智能不会取代人类的CEO。

正如前文所说，人工智能或许会长时间处于弱人工智能ANI阶段，但弱人工智能ANI是不能胜任管理工作的。我们不会为机器人工作，但是AI融入管理是必然的趋势。在未来的管理中，或许会采用"智能+人工"的方式，即AI帮助管理者处理一些量化的工作，帮助人类做一些繁重的逻辑、计算工作，以及提出方案、计算可行性等，但真正决策的还是人类的CEO。"智能+人工"可以带来高效、低失误率的工作方式。

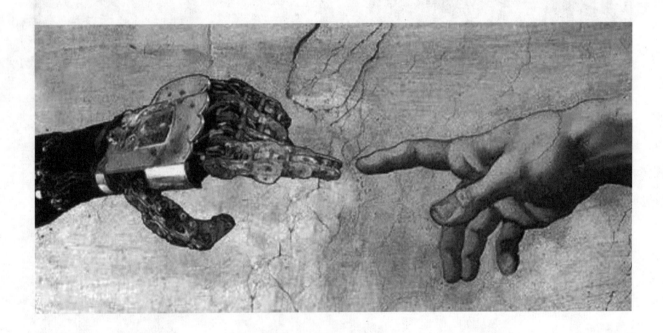

如果真有可以管理人类的AI出现，那么这种量级的AI应该可以被归类为超人工智能ASI，那个时候或许人类就不单单只是AI的员工了，而是整个人类社会都可以上交AI之手，就像《黑客帝国》那样。但就运算能力来看，那还是很遥远的事，所以完全不用杞人忧天。

4. 未来AI社会，人类何去何从

人工智能的广泛应用可以提高人类的生产力，带来社会福利。在这个过程中，人类社会的结构和经济结构也会发生改变。

目前，在工业生产制造等标准化的行业中，机器生产取代人工生产已经发生。虽然没有学习功能，但智能机器人已经普遍投入生产行业中，随着人力成本的提高，这将成为一个趋势。

2016年10月份，富士康就在中国各大生产基地布置了4万多台机器人。据报道称，富士康每年可以制造1万台机器人，未来它们将继续利用机器人替代人类，仅仅在昆山工厂，它们最近就裁掉了6万员工。

未来，机器人、AI代替人类进行繁重、危险的工作是趋势，这应该是社会的进步，有助于提高社会的生产力。而机器人、AI融入生产，换言之，也可将人类从繁重的生产劳动中解放出来，必将改变整个经济结构。

生产力的发展，经济结构的改变，必然也会催生新的需求，这也意味着会产生新的工作岗位。而且这种替代发生在一夜之间的可能性非常小，笔者相信人类有足够的时间去适应这种改变。

13.2 人工智能与认知科技

人工智能领域存在多种定义，有的太过，有的则不够。作为该领域创始人之一的Nils Nilsson先生写道：人工智能缺乏通用的定义。一本如今已经修订过3版的权威性人工智能教科书给出了8项定义，但书中并没有透露其作者究竟倾向于哪种定义。对于我们来说，一种实用的定义即为——人工智能是对计算机系统如何能够履行那些只有依靠人类智慧才能完成的任务的理论研究。例如，视觉感知、语音识别、在不确定条件下做出决策、学习、语言翻译等。从人类能够完成的任务角度对人工智能进行定义，而非从人类如何思考的角度，能够让我们绕开神经机制层面对智慧进行确切定义，从而直接探讨它的实际应用。值得一提的是，随着计算机为解决新任务的挑战而升级换代并推而广之，人们对那些所谓的需要依靠人类智慧才能解决的任务的定义门槛也越来越高。所以，人工智能的定义会随着时间而演变，这一现象称为"人工智能效应"。概括起来就是"人工智能就是要实现所有目前还无法不借助人类智慧才能实现的任务的集合"。

1. 人工智能发展的历史

人工智能并不是一个新名词。实际上，这个领域在20世纪50年代就已经开始启动，这段探索的历史被称为"喧嚣与渴望、挫折与失望交替出现的时代"。

20世纪50年代明确了"人工智能要模拟人类智慧"这一大胆目标，从此研究人员开展了一系列贯穿20世纪60年代并延续到70年代的研究项目。这些项目表明，计算机能够完成一系列本来只属于人类能力范畴之内的任务，如证明定理、求解微积分、通过规划来响应命令、履行物理动作，甚至是模拟心理学家、谱曲这样的活动。但是，过分简单的算法难以应对不确定的环境（这种情形在生活中无处不在），以及计算能力的限制严重阻碍了我们使用人工智能来解决更加困难和多样的问题，人工智能于20世纪70年代中期逐渐淡出公众视野。

20世纪80年代早期，日本发起了一个项目，旨在开发一种在人工智能领域处于领先地位的计算机结构。西方国家开始担心在这个领域输给日本，这种焦虑促使他们决定重新开始对人工智能的投资。20世纪80年代已经出现了人工智能技术产品的商业供应商，其中一些已经上市，例如，Intellicorp、Symbolics和Teknowledge。

20世纪80年代末，几乎一半的"财富500强"都在开发或使用"专家系统"，这是一项通过对人类专家的问题求解能力进行建模，来模拟人类专家解决该领域问题的人工智能技术。对于专家系统潜力的过高期望彻底掩盖了它本身的局限性，包括明显缺乏常识、难以捕捉专家的隐性知识、建造和维护大型系统的复杂性和高成本，当这些局限性被越来越多的人所认识时，人工智能研究再一次脱离轨道。

20世纪90年代人工智能领域的技术成果始终处于低潮，成果寥寥。但神经网络、遗传算法等得到了新的关注，一方面是因为这些技术避免了专家系统的若干限制，另一方面是因为新算法让它们运行起来更加高效。神经网络的设计受到了大脑结构的启发。遗传算法的机制是，首先迭代生成备选解决方案，然后剔除最差方案，最后通过引入随机变量来产生新的解决方案，从而"进化"出解决问题的最佳方案。

2. 人工智能进步的催化剂

截止到21世纪最后10年的后期，出现了一系列复兴人工智能研究进程的要素，尤其是一些核心技术。下面将对这些重要的因素和技术进行详细说明。

（1）摩尔定律。

在价格、体积不变的条件下，计算机的计算能力可以不断增长，这就是被人们所熟知的摩尔定律，它以Intel共同创办人Gordon Moore命名。Gordon Moore从各种形式的计算中获利，包括人工智能研究人员使用的计算类型。数年以前，先进的系统设计只能在理论上成立但无法实现，因为它所需要的计算机资源过于昂贵或者计算机无法胜任。现在，我们已经拥有了实现这些设计所需要的计算资源。举个梦幻般的例子，现在最新一代微处理器的性能是1971年第一代单片机的400万倍。

（2）大数据。

由于互联网、社交媒体、移动设备和廉价传感器的发展，这个世界产生的数据量急剧增加。随着人类对这些数据价值的不断认识，用来管理和分析数据的新技术也得到了发展。大数据是人工智能发展的助推剂，这是因为有些人工智能技术需要使用统计模型来进行数据的概率推算，比如图像、文本或者语音，通过把这些模型暴露在数据的海洋中，使它们得到不断优化，或者称之为"训练"。

（3）互联网和云计算。

和大数据现象紧密相关，互联网和云计算被认为是人工智能的基石有两个原因。第一，它们可以让所有联网的计算机设备都能获得海量数据，这些数据是推进人工智能研发所需要的，可以促进人工智能的发展。第二，它们为人们提供了一种可行的合作方式——有时是显式的有时是隐式的，用来帮助人工智能系统进行训练。比如，有些研究人员使用类似Mechanical Turk这样基于云计算的众包服务雇佣成千上万的人来描绘数字图像，使得图像识别算法可以从这些描绘中进行学习。谷歌翻译通过分析用户的反馈以及使用者的无偿贡献来提高其自动翻译的质量。

（4）新算法。

算法是解决一个设计程序或完成任务的路径或方法。最近几年，新算法的发展极大地提高了机器学习的能力，这些算法本身很重要，同时也是其他技术的推动者，比如计算机视觉（这项科技将在后文中描述）。机器学习算法目前被开源使用，这种情形将促成更大的进步，因为在开源环境下开发人员可以补充和优化彼此的工作。

3. 认知技术

认知技术（如下图所示）是人工智能领域的产物，它们能完成以往只有人类才能够完成的任务。下面我们将介绍几个重要的认知技术，它们正被广泛采纳并发展迅速，也获得了大量投资。

（1）计算机视觉。

计算机视觉是指计算机从图像中识别出物体、场景和活动的能力。计算机视觉技术运用由图像处理操作及其他技术所组成的序列来将图像分析任务分解为多个便于管理的小块任务。比如，一些技术能够从图像中检测到物体的边缘及纹理，分类技术可被用来确定识别到的特征是否能够代表系统已知的一类物体。

计算机视觉有着广泛应用，包括：① 医疗成像分析，用来提高疾病的预测、诊断和治疗水平；② 人脸识别，被Facebook用来自动识别照片里的人物，在安防及监控领域被用来指认嫌疑人，在购物方面消费者可以用智能手机拍摄产品以获得更多购买选择。

机器视觉作为一门相关学科，泛指在工业自动化领域的视觉应用。在这些应用中，计算机在高度受限的工厂环境里能识别诸如生产零件这类的物体，因此相对于寻求在非受限环境里操作的计算机视觉来说目标更为简单。计算机视觉是一个正在进行的研究，而机器视觉则是"已经解决的问题"，是系统工程方面的课题而非研究层面的课题。因为应用范围持续扩大，计算机视觉领域的初创公司自2011年起已经吸引了数亿美元的风投资本。

（2）机器学习。

机器学习是指计算机系统无须遵照显式的程序指令，只是依靠暴露在数据中来提升自身性能的能力。其核心在于，机器学习是从数据中自动发现模式，模式一旦被发现便可用于做预测。比如，给予机器学习系统一个关于交易时间、商家、地点、价格及交易是否正当等信用卡交易信息的数据库，系统就会学到可用来预测信用卡欺诈的模式。处理的交易数据越多，预测效果就会越好。

机器学习的应用范围非常广泛，针对那些产生庞大数据的活动，它几乎拥有改进一切性能的潜力。除了甄别欺诈之外，还可以用于销售预测、库存管理、石油和天然气勘探及公共卫生。机器学习技术在其他的认知技术领域也扮演着重要角色，比如计算机视觉，它能在海量图像中通过不断训练和改进视觉模型来提高其识别对象的能力。现如今，机器学习已经成为认知技术中最炙手可热的研究领域之一，在2011—2014年这段时间内就已吸引了近十亿美元的风险投资。谷歌也在2014年斥资4亿美金收购Deepmind这家研究机器学习技术的公司。

（3）自然语言处理。

自然语言处理是指计算机拥有的类似于人类的文本处理的能力，比如，从文本中提取意义，甚至从那些可读的、风格自然、语法正确的文本中自主解读出含义。一个自然语言处理系统并不了解人类处理文本的方式，但是它可以用非常复杂与成熟的手段巧妙处理文本。例如，自动识别一份文档中所有被提及的人与地点；识别文档的核心议题；或者在一堆仅人类可读的合同中，将各种条款与条件提取出来并制作成表。以上这些任务通过传统的文本处理软件根本不可能完成，后者仅能针对简单的文本匹配与模式进行操作。请思考一个老生常谈的例子，它可以体现自然语言处理面临的一个挑战。在句子"光阴似箭（Time flies like an arrow）"中每一个单词的意义看起来都很清晰，直到系统遇到这样的句子"果蝇喜欢香蕉（Fruit flies like a banana）"，用"水果（fruit）"替代了"时间（time）"，并用"香蕉（banana）"替代"箭（arrow）"，就改变了"飞逝/飞着的（like）"与"像/喜欢（like）"这两个单词的意思。

自然语言处理像计算机视觉技术一样，将各种有助于实现目标的多种技术进行了融合，建立语言模型来预测语言表达的概率分布，就是某一串给定字符或单词表达某一特定语义的最大可能性。选定的特征可以和文中的某些元素结合起来识别一段文字，通过识别这些元素可以把某类文字同其他文字区别开来，比如垃圾邮件同正常邮件。以机器学习为驱动的分类方法将成为筛选的标准，用来决定一封邮件是否属于垃圾邮件。

因为语境对于理解"time flies（时光飞逝）"和"fruit flies（果蝇）"的区别是如此重要，所以自然语言处理技术的实际应用领域相对较窄，这些领域包括分析顾客对某项特定产品和服务的反馈、自动发现民事诉讼或政府调查中的某些含义，以及自动书写诸如企业营收和体育运动的公式化范文等。

（4）机器人技术。

将机器视觉、自动规划等认知技术整合至体积小但性能好的传感器、致动器及设计巧妙的硬件中，就催生了新一代的机器人，它有能力与人类一起工作，能在各种未知环境中灵活处理不同的任务。如无人机，可以在车间为人类分担工作的"cobots"，还有那些从玩具到家务助手的消费类产品。

（5）语音识别技术。

语音识别技术主要是关注自动且准确地转录人类的语音。该技术必须面对一些与自然语言处理类似的问题，在处理不同口音、去除背景噪音、区分同音异形异义词（"buy"和"by"听起来是一样的）方面存在一些困难，同时还需要具有跟上正常语速的工作速度。语音识别系统使用一些与自然语言处理系统相同的技术，再辅以其他技术，比如描述声音及其出现在特定序列和语言中概率的声学模型等。语音识别的主要应用包括医疗听写、语音书写、电脑系统声控、电话客服等。比如Domino's Pizza最近推出了一个允许用户通过语音下单的移动APP。

上面提到的认知技术进步飞快并吸引了大量投资。其他相对成熟的认知技术仍然是企业软件系统的重要组成部分，包括决策最优化——自动完成复杂决策或者在资源有限的前提下做出最佳权衡；规划和调度——设计一系列行动流程来满足目标和观察约束；规则导向系统——为专家系统提供基础的技术，使用知识和规则的数据库来自动完成从信息中进行推论的处理过程。

13.3 Python语言——人工智能时代的头牌语言

谁会成为AI和大数据时代的第一开发语言呢？当然是Python，这已是一个不需要争论的问题。如果说三年前，Matlab、Scala、R、Java和Python还各有机会，局面尚且不清楚，那么三年之后，趋势已经非常明确了，特别是Facebook开源了PyTorch之后，Python作为AI时代头牌语言的位置基本确立，未来的悬念仅仅是谁能坐稳第二把交椅。

实际上，Python早就成为Web开发、游戏脚本、计算机视觉、物联网管理和机器人开发的主流语言之一。随着Python用户可以预期的增长，它还有机会在多个领域里登顶。

就AI而言，我们首先要问一下，AI的主力人群在哪里？如果我们今天静态地来谈这个话题，你可能会认为AI的主力是研究机构里的AI科学家、拥有博士学位的机器学习专家和算法专家。但李开复的"AI红利三段论"明确告诉我们，只要稍微把眼光放长远一点，往后看三至五年，你会看到整个AI产业的从业人口将逐渐形成一个巨大的金字塔结构，AI科学家仅仅是顶端的那么一点点，95%甚至更多的AI技术人员，都将是AI工程师、应用工程师和AI工具用户。我们有理由相信，这些人几乎都将成为Python阵营的庞大后备军。这些潜在的Python用户至今仍然在技术圈子之外，但随着AI应用的发展，数百万之众的教师、公司职员、工程师、翻译、编辑、医生、销售、管理者和公务员将裹挟着各自领域中的行业知识和数据资源，涌入

Python 和 AI 大潮之中，深刻地改变整个 IT，或者说 DT（数据科技）产业的整体格局。

事实证明，Python 是现代编程语言设计和演化中的一个成功典范。

Python 之所以在战略定位上如此清晰，在战略坚持上如此坚定，归根结底是因为其社区构建了一个堪称典范的决策和治理机制。这个机制以 Guido van Rossum、David Beazley、Raymond Hettinger 等人为核心，以 PEP 为组织平台，民主而有序，集中而开明。只要这个机制本身得以维系，Python 未来仍将一路平稳上行。

最有可能向 Python 发起挑战的，当然是Java。Java 的用户量大，本身也是一种战略定位清晰而且非常坚定的语言。但我们并不认为 Java 有很大的机会，因为它本质上是为构造大型复杂系统而设计的。什么是大型复杂系统？就是由人清清楚楚描述和构造出来的系统，其规模和复杂性是外生的，或者说是外界赋予的。

而 AI 的本质是一个自学习、自组织的系统，其规模和复杂性是一个数学模型在数据的喂养下自己长出来的，是内生的。因此，Java大多数的语言结构对于大数据的处理和 AI 系统的开发显得力不从心。Python 在数据处理方面的简洁强悍早就人尽皆知。对比两个功能相同的 Java 和 Python 机器学习程序，正常人只要看两眼就能做出判断，一定是 Python 程序更加简洁。

第 14 章　人工智能 Python 开发项目实战

关于人工智能，我很想以斯蒂芬·斯皮尔伯格导演的《人工智能》这部电影为引子。导演似乎是在讲一个美好却心酸的童话故事，是什么力量让大卫对妈咪的爱可以永恒不变，如果说仅仅是因为那些冰冷的代码，显然是站不住脚的。说到底，我们人类之间之所以能够有联系，就是因为相遇让我们产生了羁绊，各方面的交流使我们对某个人存有了特定的记忆和情感。如果机器人也能够有情感，你就不能仅仅因为它们与人类相异的外表或是

内核而认为它们与人类有什么本质上的不同。

事实上，就目前而言，像大卫那样的强人工智能还未被研究出来，我们还处在"认知智能"阶段。20世纪，我们的研究方向还仅仅是"计算智能"，但强人工智能的出现是势不可挡的，科技发展的速度是我们无法想象的，未来我们是无法预见的。也许在你毫无察觉的时候，这个世界的某个角落正在发生或即将发生足以颠覆全球的技术革命。

接下来，我们将为大家展示AlphaGo和聊天机器人两个实战项目，让读者更加深刻地认识AI，激起大家学习AI的兴趣，这也是本书的初衷之一。

14.1 最聪明的围棋选手——AlphaGo

阿尔法围棋（AlphaGo）是一款围棋人工智能程序，由位于英国伦敦的谷歌（Google）旗下的DeepMind公司的戴维·西尔弗、艾佳·黄、戴密斯·哈萨比斯和他们的团队开发，这个程序利用"价值网络"去计算局面，用"策略网络"去选择下子。

2015年10月阿尔法围棋以5∶0完胜欧洲围棋冠军、职业二段选手樊麾。2016年3月挑战世界围棋冠军、职业九段选手李世石。根据日程安排，5盘棋分别于3月9日、10日、12日、13日和15日举行，即使一方率先取得3胜，也会下满5盘。最后AlphaGo以4∶1结束了这场"战争"。

2016年12月29日，一个注册名为"master"、标注为韩国九段的"网络棋手"接连"踢馆"弈城网和野狐网。2016年12月29日到2017年1月4日，master对战人类顶尖高手的战绩是60胜0负。最后一盘前,大师透露,"他"就是阿尔法围棋(AlphaGo)。

2017年5月23日—27日柯洁与AlphaGo在"中国乌镇·围棋峰会"展开对弈。5月23日、25日、27日,AlphaGo三胜柯洁。27日赛后宣布AlphaGo退役。

2017年10月18日,DeepMind团队公布了最强版AlphaGo,代号为AlphaGo Zero。它的独门秘籍是"自学成才",而且是从零基础开始学习,在短短3天内,成为顶级高手。

围棋是一种规则极为复杂的棋类,对于孩子来说,理解围棋的规则已经很难了,更不要说精通它了。那么为什么"死板"的计算机能够理解围棋并且如此精通呢?为什么AlphaGo如此强大呢?

AlphaGo是机器学习的产物。AlphaGo的"智力"是通过学习往年围棋比赛的记录来进行提高的。在学习AlphaGo的工作原理之前我们需要先了解一下蒙特卡罗树搜索算法,这是一种方法(或者说框架),用于解决完美信息博弈。用通俗的话来解释:这是一种通用的游戏对弈算法,对任何游戏都有效。最关键的是,算法不需要了解游戏的领域知识。什么叫作领域知识呢?诸如象棋中马的走法,围棋中的对杀、劫等专业知识。那么在不知道这些知识的情况下,AlphaGo依靠什么来获得胜利呢?这就是机器学习的魅力所在,也是人工智能的魅力所在。

蒙特卡罗树搜索算法的核心思想是一个统计学意义上的问题:根据历史的围棋对弈信息,通过每个步骤的访问次数和获胜数来计算该步骤的价值。具体的做法就是,当需要落子的时候通过分析好的数据计算出人类可能走的落子列表(这里的计算采用的是深度学习中的卷积神经网络:CNN算法,有兴趣的朋友可以自行查阅相关资料)。如下图,现在白子即将落子,如果是人类的话,最可能的落子地点就是类似于红点（用×表示）的地方，蓝点（用□表示）落的可能性低一些，绿点（用△表示）基本不可能落子。蒙特卡罗树搜索算法的第一个步骤就是根据训练好的围棋对弈数据大致判断出人类可能的落子列表。换句话说，图中绿点的落子方案和蓝点的落子方案已经被抛弃了。这个步骤很慢但是准确率较高（大致有五成的准确率）。然而对于计算机来说，猜测出的这个列表并不能够用于落子，因为落子只需要一个点，就算是在其中选择优先度最高的落子点来下，五成的准确率并不能够给计算机带来多少胜算的把握。

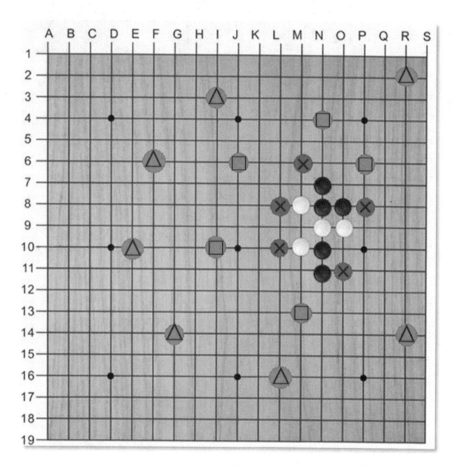

所以AlphaGo对这个落子列表继续进行操作：它使用了一个小的策略网络。为什么说它小呢？因为它的算法简单，能够快速地估算前面步骤给出的列表中的每一个落子方案可能的后续步骤。但是准确度不高，只有两成左右。下图中第一步给出了{A，B，C，D，E}这样可能的落子列表，随后对于列表中的每一项都用了策略网络预测下两步。

最后就是AlphaGo算法中最为重要的部分了。对于列表中的每一种落子方案以及其后续落子方案，AlphaGo都使用了一个价值神经网络进行筛选。价值网络的作用是评估当前下法的收益，也就是获胜率。对于低于某一个获胜率阈值的下法采取抛弃操作。

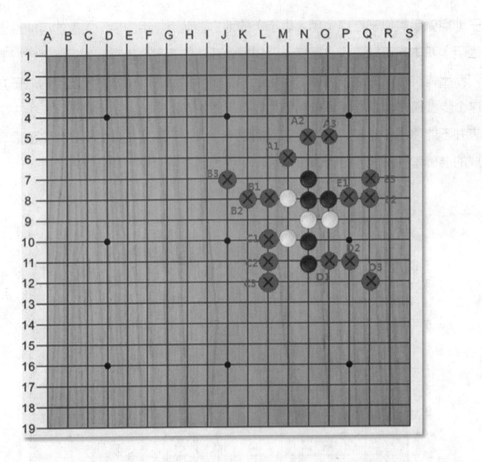

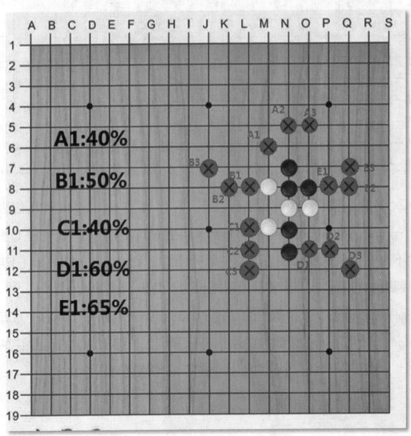

A1: 40%

B1: 50%

C1: 40%

D1: 60%

E1: 65%

上图中已经预算出后续三步可能的五种下法（实际的运算过程由于有巨量的数据支持，可能情况会多很多，甚至可能有成百上千种）的获胜率，然而有两种获胜率并不令人满意：A和C（连50%都没有，50%是根据实际情况由开发人员自定的一个阈值），所以我们将它们抛弃了。接下来对于剩下的三种下法我们继续对其后续落子情况进行估算并且继续进行价值评估，在不断的筛选过程中选出最优的落子方案。

可以说，AlphaGo不是一个人在战斗，是所有曾经对棋盘进行思考的棋手在背后帮助它博弈！这就是AlphaGo强大的原因。

那么如何实现一个简易的AlphaGo呢？

这里的示例是GitHub上的MuGo开源程序，使用的是纯Python语言，是AlphaGo的简易版本。GitHub的链接：https://github.com/brilee/MuGo，不太习惯在GitHub上进行操作的读者可以登录我们的官方网站下载相关资源。

下面让我们开始吧！

（1）第一步需要在自己的计算机上安装TensorFlow（如果有独立显卡，推荐安装GPU版本）。TensorFlow的安装可以登录我们的网站查看哦！

（2）SGF文件的获取。SGF文件是记录围棋棋谱的文本文件，如果你想要预览，可以下载multigo。当然在这个项目中并不需要预览。https://u-go.net/gamerecords/这个网站上记录了最近十五年的围棋对弈棋谱，可以在里面下载需要的SGF文件。随后我们需要把下载的SGF文件放在MuGo项目文件夹内。

（3）预处理SGF文件。下载的SGF文件并不是计算机能够识别并处理的最直观的文件，我们需要对它进行预处理。预处理的函数位于main.py中，如下所示：

```
def preprocess(*data_sets, processed_dir="processed_data")
    processed_dir=os.path.join(os.getcwd(), processed_dir)
    if not os.path.isdir(proc essed_dir):
        os.mkdir(processed_dir)


test_chunk, training_chunks=parse_data_sets(*data_sets)
print("Allocating %s positions as test; remainder as training"
    % len(test_chunk), file=sys, stderr)


print("Writing test chunk")
test_dataset=DataSet.from_positions_w_context(test_chunk, is_
    test=True)
```

```
test_filename=os.path.join(processed_dir, "test.chunk.gz")
test_dataset.write(test_filename)

training_datasets=map(DataSet.from_positions_w_context,
    training_chunks)
for i, train_dataset in enumerate(training_datasets):
    if i % 10==0:
        print("Writing training chunk %s" % i)
    train_filename=os.path.join(processed_dir, "train%s.chunk,
        gz" % i)
    train_dataset.write(train_filename)
print("%s chunks written" % (i+1))
```

调用方法为:打开命令行后使用cd指令进入MuGo项目的目录中,随后键入"python main.py preprocess ~/kgs-19-2018-02-new/"。其中kgs-19-2018-02-new为下载的SGFs解压后的文件夹,里面就是以sgf结尾的文件。

名称	修改日期	类型	大小
kgs-19-2018-02-new	2018/3/11 星期…	文件夹	

(4)训练出可用的模型。这个步骤的任务就是监督学习棋谱,最终形成一个模型,模型提供接口,当需要预测落子位置的时候,模型只需要获取当前对弈状态就可以给出预测结果。训练函数为main.py中的train。

```
def train(processed_dir, read_file=None, save_file=None,
epochs=10, logdir=None, checkpoint_freq=10000):
    test_dataset=DataSet.read(os,path.join(processed_dir,
    "test. chunk, gz"))
    train_chunk_files=[os.path.join(processed_dir, fname)
        for fname in os. listdir(processed_dir)
        if TRAINING_CHUNK_RE. match(fname) ]
    if read_file is not None:
        read_file=os. path. join(os, getcwd0, save_file)
    n=PolicyNetwork()
```

```
            n.initialize_variables(read_file)
            if logdir is not None:
                n. initialize_logging (logdir)
            last_save_checkpoint=0
            for i in range(epochs):
                random shuffle (train_chunk_files)
                for file in train_chunk_files:
                    print("Using %s" % file)
                    with timer("load dataset"):
                        train_dataset=DataSet. read(file)
                    with timer("training"):
                        n.train (train_dat aset)
                    with timer("save model"):
                        n.save_variables(save_file)
                    if n.get_global_step() > last_save_checkpoint +
                    checkpoint_freq:...
```

调用方法为：python main.py train processed_data/--save-file=/tmp/savedmodel --epochs=400 --logdir=logs/my_training_run

该步骤完成后，网络模型会被存储在save-file所代表的文件夹中。

（5）和AlphaGo对弈。有两种方法：原始的策略网络和蒙特卡罗树。调用方法分别如下：

```
    python main.py gtp policy --read-file=/tmp/savedmodel
    python main.py gtp mcts --read-file=/tmp/savedmodel
```

AlphaGo只是一个将人工智能应用到围棋方面的例子，但是可以窥一斑见全豹：在可预期的未来，人工智能将进入人类生活的方方面面。既然计算机能够把围棋下得很好，那迟早也能在各种应用领域内做得很好，比如医疗、交通等。我们的生活将因为人工智能而变得更美好！

14.2 聊天机器人——ChatterBot

如果使用苹果公司的电子产品的话，大家应该对一个叫作"Siri"的姑娘很熟悉，她是苹果的智能语音助手。通过Siri，我们可以调用系统自带的天气预报、日程安排、搜索资料等应用，还能够不断学习新的声音和语调，提供对话式的应答。Siri在成立之初，主要的功能是以文字聊天为主。被苹果公司收购后通过和一个叫作Nuance的语音识别厂商合作，最终实现了语音识别功能。

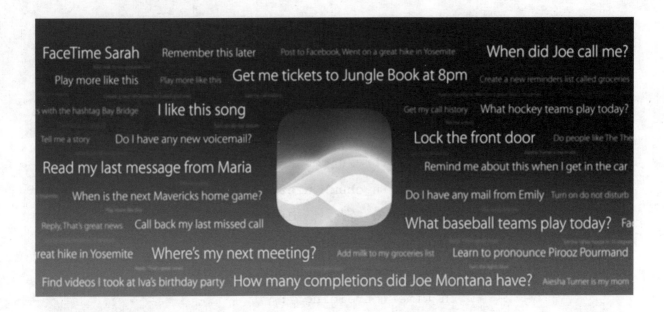

现如今，很多公司都推出了自己的语音助手：科大讯飞推出的灵犀语音助手，微软的小娜语音助手，微软Bing的小冰语音助手，百度公司的度秘语音助手。形形色色的语音助手围绕着我们的生活，每一种语音助手都有其特点，比如高冷的Siri，淘气的小冰……机器学习让这些助手获得了如同人类一样的应答能力，甚至能够展现属于自己的"性格"。

那么"死板"的计算机是怎么知道自己该如何回答才像是一个真正的人呢？我们在编写程序的时候明显地感受到程序设计的死板和枯燥：只能用特定的语法和接口去命令计算机做事情，语法稍微有一点不一样，即便只是中英文输入法在标点符号上的混淆，都能导致程序无法执行。语音助手是如何做到让计算机在能够理解人类多样的自然语言的同时，也能像人类一样多样地回答呢？这就是我们本节要讲的内容。

1. 语音助手的工作流程

当接收到一个用户的语音输入的时候，计算机第一步要做的事情是理解用户说了什么。事实上，计算机无法直接识别声音信息所要表达的内容，它需要先过滤掉语音中没用的波形，比如杂音、无用的背景音等。这一步被称为滤波。随后再将语音信息转换为文字信息（转换的过程包括提取语音特征、建立模型等，这里不赘述了，有兴趣的读者可以自行查阅相关资料）。

当计算机完成了语音识别的任务后，作为奖励，它将获得一串输入语音所表达的内容的文本文档。那么随后的工作就是主要部分了：构成答案。当计算机已经构成了答案，那么语音助手的最后一步就是将文字型的答案转化为语音形式输出了。人和人在聊天的时候，问题的个数无穷无尽，表达问题的方式也有很多，同一个词语在不同的语境下所能表达的意思也并非只有一个。这就使得计算机即便得到了文字形式的问题输入，也无法轻松地给出得体的答案。那么计算机是如果做到同人类聊天的呢？

2. 聊天机器人的原理

语音助手的工作流程中构成答案的步骤很重要，我们将这个模块叫作聊天机器人。现在市面上主要有两种聊天机器人：第一种是将用于训练的语料数据集中的每一个数据进行分词处理，随后将输入的问题也进行分词处理再进行匹配(比如人人网的小黄鸡)。这种方法准确度高，而且由于词语的粒度较小，在匹配的时候所消耗的资源和时间都会比较小，但普适性不高。原因在于对于英语等语种，分词可以直接用空格进行，但是中文输入是不带空格的，其分词的工作是NLP（自然语言处理）中一个很复杂的研究课题，所以分词匹配的方法在语种方面不具备普适性。第二种方法是直接将数据集里的问答数据构成Statement->Response对的形式。当有一个需要回答的问题输入时，将遍历整个训练数据集，直接和每一条Statement进行匹配，找到相似度最高的一条并输出对应的Response。但是当数据集很大的时候，加载语料集以及检索语料集进行匹配就会花费很长时间。下面所要介绍的chatterBot采用的就是这种方式。

3. 什么是ChatterBot

ChatterBot是一种基于机器学习的对话引擎，在Python中构建，它可以根据已知对话的集合生成响应。ChatterBot的语言独立设计，使其能够接受任何语言的训练。

一个未训练的ChatterBot的样例在最开始是没有任何关于如何与人交流的先验知识的。

每次用户输入一句话,语料库就会自动存下他们输入的文本内容以及回应这句话的文本内容。ChatterBot收到的输入文本要比回复文本多,所以它可以进行回答,并且回答内容与输入内容相关的准确率也会提高。算法通过在语料库中搜索与输入内容最匹配的已知文本来选择最匹配的回复,然后它会基于与机器人和用户对话内容的频繁程度,输出对应该输入内容的最合适的回复。

4. 如何动手建立一个自己的聊天机器人

第一步:安装ChatterBot,有两种办法。

第一种是PyPI安装:

PyPI(Python Package Index)是Python官方的第三方库的仓库,所有人都可以下载第三方库或上传自己开发的库到PyPI。PyPI推荐使用pip包管理器下载第三方库。pip可正常工作在Windows、Mac OS、Unix/Linux等操作系统上,但是需要至少2.6+和3.2+的CPython或PyPy的支持。Python 2.7.9 和3.4以上的版本已经内置类pip程序,所以不需要安装。由于本书教学使用的Python版本皆为3.6版,所以安装方式只需要打开命令行直接键入"pip install chatterbot"后,按下回车键等待下载安装即可。

```
C:\Users\master>pip install chatterbot
```

第二种是直接从GitHub上下载源程序文件:

GitHub的网址为: https://github.com/gunthercox/ChatterBot 。

第二步:安装编程环境。

为了方便读者编程和学习,我推荐从GitHub上下载源程序文件,在自己电脑上安装Pythoncharm,再将GitHub上的项目在Pythoncharm中打开,如下图所示:

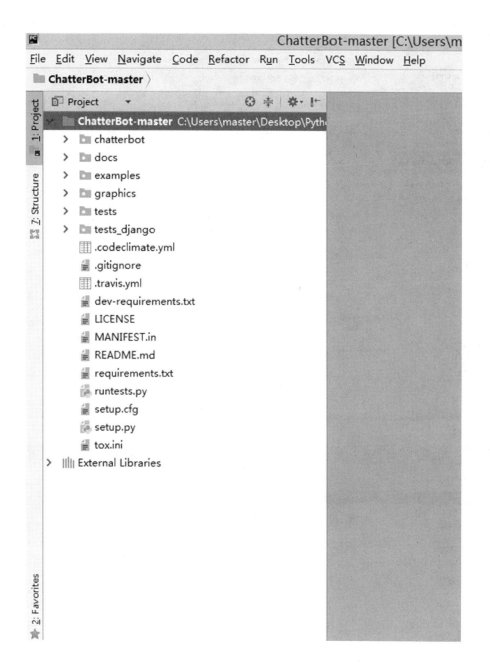

然后点击File-Settings，在Settings界面的右侧有个绿色的加号，点击后搜索chatterbot以及SQLAlchemy，将这两个模块加入项目，如下图所示：

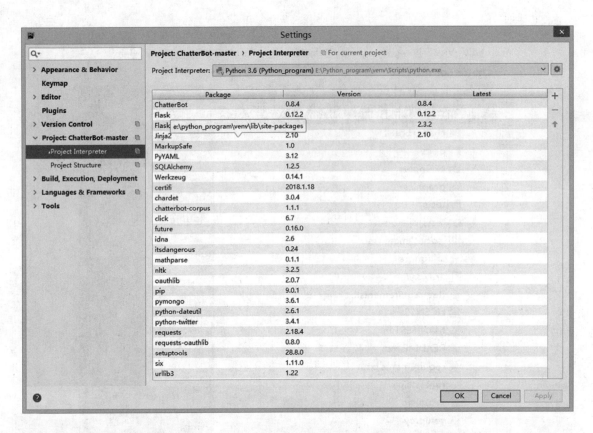

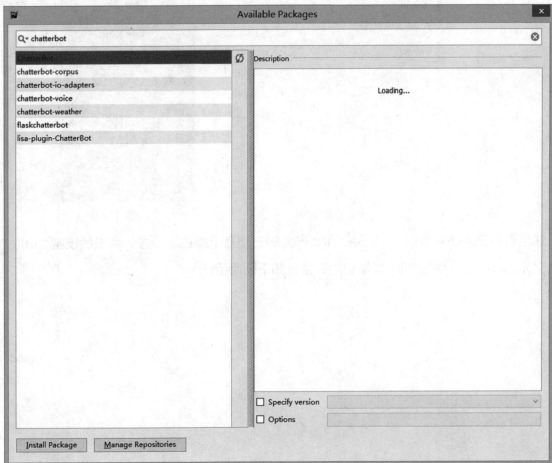

在项目文件夹中有个examples文件夹，点开后里面有各种示例。其中training_example_chatterbot_corpus.py的内容为：训练chatterbot模块自带的英文语料库并且根据训练结果给出"How are you doing today?"的回答。

```
ChatterBot Corpus of conversation dialog.
'''

# Enable info level logging
logging.basicConfig(level=logging.INFO)

chatbot = ChatBot(
    'Example Bot',
    trainer='chatterbot.trainers.ChatterBotCorpusTrainer'
)

# Start by training our bot with the ChatterBot corpus data
chatbot.train(
    'chatterbot.corpus.english'
)

# Now let's get a response to a greeting
response = chatbot.get_response('How are you doing today?')
print(response)
```

运行步骤如下：首先训练各个领域的语料集，比如computer、history等；随后对于"How are you doing today?"这句输入在其中寻找匹配的statement；最后有五条类似的匹配结果，选择其中最优先的一条给出对应的回答："I am doing well."可以看出这个聊天机器人回答的准确率并不是很高。这是因为我们使用的模块自带的语料集中只具备基本的问答数据。当我们拥有更加详尽的强大的语料集做基础时，我们训练出来的聊天机器人就更加强大。

```
computers.yml Training: [####################] 100%
conversations.yml Training: [####################] 100%
emotion.yml Training: [####################] 100%
food.yml Training: [####################] 100%
gossip.yml Training: [####################] 100%
greetings.yml Training: [####################] 100%
history.yml Training: [####################] 100%
humor.yml Training: [####################] 100%
literature.yml Training: [####################] 100%
```

```
money.yml Training: [####################] 100%
movies.yml Training: [####################] 100%
politics.yml Training: [####################] 100%
psychology.yml Training: [####################] 100%
science.yml Training: [####################] 100%
sports.yml Training: [####################] 100%
trivia.yml Training: [####################] 100%
INFO:chatterbot.adapters:Received input statement: How are you
    doing today?
INFO:chatterbot.adapters:"How are you doing today?" is a known
    statement
INFO:chatterbot.adapters:Using "How are you doing today?" as a
    close match to "How are you doing?"
INFO:chatterbot.adapters:Selecting response from 5 optimal
    responses.
INFO:chatterbot.response_selection:Selecting first response from
    list of 5 options.
INFO:chatterbot.adapters:Response selected. Using "I am doing
    well."
INFO:chatterbot.adapters:BestMatch selected "I am doing well."
    as a response with a confidence of 0.86
INFO:chatterbot.adapters:NoKnowledgeAdapter selected "How are
    you doing today?" as a response with a confidence of 0
I am doing well.
```

第三步：构建一个可以聊天的机器人。

我们就将前面讲到的training_example_chatterbot_corpus.py稍做修改来构建一个可以聊天的机器人。如果要能聊天，肯定不能只有一个来回的对话，所以我们需要书写一个循环来不停地接收消息并给出回答。

将原文的最后两句改为如下循环：

```
while (True):
    #Get the input
    Ask=input()
```

```
#Find the bset anwser
response=chatbot.get_response(Ask)
print(response)
```

在运行后经过一段时间的训练进行了如下对话:

```
Hello

Hi
How are you doing

I am doing well.
could i borrow a cup of sugar?

I'm sorry, but I don't have any.
```

借助chatterbot构建聊天机器人是一种取巧的方式,虽然方便,但是会存在回答准确率不高、响应速度慢等问题。有兴趣的读者可以去了解NLP(自然语言处理)中的中文分词方法并且尝试构建更加有趣、高效、准确的聊天机器人。